Roland Gradwohl

Was ist der Talmud?

Meinen Kindern und Kindeskindern

ושננתם לבניך ודברת בם

Schärfe sie ein deinen Kindern
und rede davon (5 Mose 6,7)

Roland Gradwohl

Was ist der Talmud?

Einführung in die »Mündliche Tradition« Israels

Calwer Verlag Stuttgart

Calwer Paperback
Herausgegeben von Gerhard Hennig

CIP-Kurztitelaufnahme der Deutschen Bibliothek
Gradwohl, Roland:
Was ist der Talmud?: Einf. in d. »Mündl.
Tradition« Israels / Roland Gradwohl. –
Stuttgart: Calwer Verlag, 1983.
(Calwer Paperback)
ISBN 3-7668-0731-5

ISBN 3-7668-0731-5

Fotos: Roland Gradwohl
Satz: Dörlemann Satz, Lemförde
Druck: Kohlhammer und Wallishauser GmbH, Hechingen

Inhalt

Zum Geleit

»Glauben die Juden an Gott?« fragte mich einmal eine ältere Dame am Ende einer Synagogenführung. Während einer guten Stunde hatte ich vor einer christlichen Gruppe über jüdische Gebete und Gebote, über Bräuche und Grundideen der Religion gesprochen. Und dann diese Frage! Offensichtlich fehlte der Dame das von der Kirche her gewohnte Kreuz, und sie vermochte nicht zu verstehen, daß Menschen Gott als ihren Herrn verehren, auch wenn sie Jesus nicht als ihren Messias anzuerkennen bereit sind.
Die Unwissenheit ist in diesem Fall besonders augenfällig; sie bildet jedoch keinen Einzelfall. Selbst wer die hebräische Bibel, das Tanach, kennt, hat oft keine Ahnung vom Judentum. Mit dem Abschluß des biblischen Kanons blieb die jüdische Geistes- und Glaubensgeschichte nicht stehen. Auf Moses und die Propheten folgten die Rabbiner, die Deuter der Schriften, die Weisen, die mit beeindruckender Meisterschaft die tiefsten Geheimnisse der Texte auszuloten vermochten. Was sie fanden, gaben sie weiter: von Mund zu Mund, von Generation zu Generation. Lange wurde es nicht aufgeschrieben, weil nur die Bibel die »Schrift« war, die Mündliche Überlieferung mündlich bleiben sollte. Als die Gefahr des Vergessens übergroß wurde, mußten die Gedanken gesammelt und notiert werden, sonst wäre Wesentliches verlorengegangen.
Neben die Schriftliche Lehre, das Tanach, trat die Mündliche Lehre Israels, traten Mischna und Gemara: der Talmud. In den engen Stuben der Gettos und – heute – in den Talmudschulen, den Jeschiwot, aber auch in religionsbewußten Gymnasien Israels und den Universitäten des Landes wurde und wird die Mündliche Tradition studiert. Bücher über Bücher erscheinen: Kommentare zu Kommentaren, in einer ununterbrochenen Kette. Der Baum der Weisheit, der »Baum des Lebens« mit seinen vielen Zweigen, trägt immer neue Früchte. Jeder kann diese Früchte pflücken, wenn er dazu die passenden Werkzeuge besitzt, wenn er die Sprache, die dialektische Methode, die Art und Weise des Argumentierens und Debattierens der Weisen sich aneignet. Der Talmud ist kein Buch mit sieben Siegeln, und

er ist – dies vor allem – kein Geheimbuch, zu dem nur eine Sekte Zutritt besäße.
Als Frau Tonia Bischofberger vom Radio der deutschen und rätoromanischen Schweiz, Studio Basel, anregte, ich solle für die Internationale Radio-Universität eine Serie über den Talmud schreiben, sagte ich daher freudig zu. Es schien mir wichtig, leicht verständlich und in der gebotenen Kürze ein breites, vornehmlich nichtjüdisches Hörerpublikum in die Welt des Talmud einzuführen, nicht zuletzt auch, um einen kleinen Beitrag zum jüdisch-christlichen Gespräch, das in den letzten Jahrzehnten einen erfreulichen Aufschwung genommen hat, zu leisten.
Für die Drucklegung sind die einzelnen Vorträge leicht überarbeitet und mit Anmerkungen versehen worden. Bei Jahreszahlen bedeutet v.d.Z.: vor der (christlichen) Zeitrechnung, und d.Z.: der (christlichen) Zeitrechnung. Das sonst bei christlichen Autoren übliche v.Chr. und n.Chr. habe ich aus Glaubensgründen vermieden.
Ich möchte herzlich danken: Frau Tonia Bischofberger für ihre »Initialzündung«, dem Leiter des Calwer Verlags Stuttgart, Herrn Christof Munz, für seine liebenswürdige Bereitschaft, die Talmudserie in sein Verlagsprogramm aufzunehmen, Herrn Dr. Gerhard Hennig für die Aufnahme der Schrift in die Reihe »Calwer Paperback«, Herrn Helmut Zechner für das zuverlässige Überprüfen des Manuskripts, und meinem Freund, Herrn Pfarrer Dr. Hartmut Metzger, Denkendorf, für viele gute Ratschläge und die Kontakte, die er mit dem Calwer Verlag für mich geknüpft hat. Von Herzen danken will ich auch meiner Frau, die mit immer wacher Kritik als erste Leserin meiner Arbeiten dafür sorgt, daß auch komplizierte Probleme möglichst klar formuliert werden.
Das kleine Buch widme ich meinen Kindern und Kindeskindern, den in Israel Geborenen oder nach Israel Eingewanderten. Mögen sie verstehen lernen, was Judentum bedeutet und was es von jedem einzelnen Juden abverlangt. Entsprechend der Forderung Gottes an Josua, den Nachfolger des Mose: »Nicht weiche dieses Buch der Weisung aus deinem Mund; sinne darüber Tag und Nacht . . .« (Josua 1,8).

Jerusalem, im April 1983 *Roland Gradwohl*

Der Talmud brennt

Paris 1242. Ein ungewohnter Anblick bietet sich den verschlafenen Bürgern der französischen Hauptstadt. Frühmorgens rattern vierundzwanzig von Pferden gezogene Wagen durch die menschenleeren Straßen. Sie transportieren eine kostbare Fracht, kostbar freilich nur für die jüdische Gemeinschaft in Frankreich. Die Wagen sind mit Tausenden von großen und dikken Büchern beladen. Beauftragte der katholischen Kirche hatten sie aus allen Teilen des Landes zusammengetragen. Auf einem Platz im Stadtzentrum brennt ein Scheiterhaufen. Die Bücher werden ins Feuer geworfen. Die Juden Frankreichs haben ihren Kampf um die Freiheit religiösen Denkens und Wirkens verloren. Siebenhundert Jahre vor dem Bücherbrand im Dritten Reich, als am 10. Mai 1933 Studenten in den großen Universitätsstädten Deutschlands die Werke verfemter Schriftsteller den Flammen übergaben und damit Menschlichkeit und Menschenwürde vernichteten, werden in Paris die fundamentalen Schriften des Judentums verbrannt. Nicht minder verwerflich.

Die geistig-religiöse Tragödie hatte siebzehn Jahre früher begonnen. Am linken Ufer der Seine befindet sich im Herzen der Innenstadt die vor kurzem von Robert de Sorbon, dem Kaplan Ludwigs IX., gegründete Universität. Die Sorbonne, wie das Volk sie nennt, ist ein Zentrum der Gelehrsamkeit, die wichtigste abendländische Universität zur Zeit der Scholastik. Hier entwickelt sich bald ein Hauptplatz christlicher Theologie. Auf der anderen Seite des Flusses hat die kleine jüdische Gemeinde mit bescheidensten Mitteln eine bedeutende Schule, eine *Jeschiwa,* errichtet. Die Schriften der Bibel, insbesondere aber jene des Talmud, der Mündlichen Tradition, werden hier erforscht. Dreihundert Schüler aus Frankreich, England und Italien unterstehen der Leitung des 1198 in der Nähe der französischen Hauptstadt geborenen Rabbi Jechiel. Lateinische Dokumente nennen ihn – in Übersetzung des hebräischen Namens – Rabbi Vivo. Er ist gelehrt und redegewandt und kann seinen Glauben auch gegen böswillige Anschuldigung kraftvoll verteidigen. Bei einer Disputation beweist er die Unsinnigkeit der sogenannten Ritualmordlüge, nach welcher die Juden alljährlich vor dem Pessachfest ein Christenkind schlachten sollen, um dessen Blut den ungesäuerten Mazzenfladen beizumischen. Rabbi Jechiel betont die Tatsache, daß den Juden nach biblischer Vorschrift ja überhaupt jeglicher Blutgenuß untersagt ist und daß das Töten eines Menschen – wenn es nicht in der Abwehr eines Angriffs geschieht – als Kardinalverbrechen verurteilt wird. Menschenopfer in jeglicher Form sind dem Judentum seit eh und je ein Greuel gewesen.

Rabbi Jechiel unterrichtete zu seiner Zeit auch einen jungen Mann namens Donin aus La Rochelle. Dieser Donin hat einen schwierigen Charakter, er ist rechthaberisch und läßt sich in religiösen Fragen nicht belehren. Er opponiert gegen die Verbindlichkeit der Mündlichen Lehre (Talmud) Israels und rüttelt damit am Fundament des Glaubens. Heftige Kontroversen führen dazu, daß der Meister zur härtesten Maßnahme greifen muß, die ihm zur Verfügung steht. Im Beisein der Gemeinde legt er auf Donin im Jahr 1225 den Bann, den *»Cherem«*. Der Bann behält seine Wirkung, bis der Geächtete seine ketzerischen Ansichten widerruft. Doch Donin bleibt hart. Zehn Jahre später läßt er sich taufen und tritt unter dem Namen Nikolas Donin in den Franziskanerorden ein. Mit dem überspannten Eifer eines Neubekehrten und in der Absicht, vor aller Welt jegliche Bindung an die früheren Glaubensbrüder abzubrechen, nimmt er den Kampf gegen Juden und Judentum auf. Er reist nach Rom zu Papst Gregor IX., dem Schirmherrn der Inquisition, und erhebt in einem Pamphlet fünfunddreißig Vorwürfe gegen den Talmud. In diesem Werk, so erklärt er, werde Gott gelästert, würden Jesus und Maria verhöhnt und die Christen als Heiden beschimpft. Der christliche Staat sei für die Juden »ein frevelhaftes Reich«, um dessen rasche Zerstörung sie beteten. Überhaupt strotze der Talmud von unmoralischen Lehren. Deshalb sei es die Pflicht des Heiligen Vaters, über das Werk das Verdikt zu sprechen und seine Verbrennung zu befehlen – zumal die Juden nur durch ihr unablässiges Studium dieser Schrift die Kraft erlangten, sich gegen die Aufforderung zur Massentaufe standhaft zu wehren und hartnäckig bei ihrem alten Irrglauben zu verharren. In diesem Punkt zumindest hat der Glaubensabtrünnige die Wahrheit gesprochen. Dank des kompromißlosen Festhaltens am Talmud und seiner Ethik sind die Juden Juden geblieben.

Der Papst ist überfordert. Seine Kenntnis des Hebräischen und

Aramäischen – der Sprache des Talmud – wie auch sein Wissen in jüdischen Belangen sind zu gering, als daß er sich ein eigenes Urteil erlauben dürfte. Er läßt sich Zeit zur Reaktion. Am 9. Juni 1239 fordert er die Herrscher von Frankreich, England, Spanien und Portugal auf, sämtliche Talmud-Exemplare in ihren Ländern zu konfiszieren und bis zu einem Entscheid unter Verschluß zu halten. Nikolas Donin wird beauftragt, zusammen mit dem Pariser Erzbischof Guillaume d'Auvergne einen Schauprozeß zu organisieren und dabei als Hauptankläger aufzutreten. Am 3. März 1240 – es ist ein Sabbat, und die Juden befinden sich beim Gottesdienst – betreten vermummte Mönche Synagoge und Lehrhaus in Paris und beschlagnahmen alle Talmudfolianten, die vorhanden sind. Eine Hetzjagd beginnt. Jüdische Wohnungen werden durchsucht, Bücherschränke durchwühlt, die Bewohner mißhandelt. Es ist das erste Mal, daß von höchster christlicher Instanz her ein direkter Angriff auf die geheiligten Glaubensschriften des Judentums ausgelöst wird.

Diskriminierungen in gesellschaftlicher Hinsicht waren die Juden seit langem gewohnt. Seit dem 4. Jh., da die Kirche zur Staatsreligion des Römischen Reiches geworden ist, führt die Synagoge ein Schattendasein. In besonderen Stadtvierteln mit ihren engen, stickigen Gassen zusammengedrängt, durch besondere Merkmale an der Kleidung von weitem erkennbar, sind die Juden stigmatisiert. Ihrem äußeren Elend suchen sie durch inneren Reichtum zu begegnen. Die Mauern des Gettos durchbrechen sie im Flug eines freien Denkens, auf der Suche nach Gott, der die Welt umschließt und die Fesseln sprengt. Ihr Leben mag arm scheinen, in Wirklichkeit ist es erfüllt von Licht und Reichtum. Diese ausgestoßenen, in einer feindlichen Umwelt lebenden Menschen sind geistig rege. Sie schreiben Tausende von Büchern zu philosophischen, theologischen und religionsgesetzlichen Fragen und Themen. Sie sind vertraut mit den fünfzehn umfangreichen Bänden des Talmud und verfassen dazu tiefschürfende Kommentare und Kommentare zu den Kommentaren. Unbeugsam trotzen sie den Gegnern. Man mag sie überfallen und totschlagen – von ihrer Überzeugung lassen sie nicht ab. Donin weiß um die geheime Quelle, die diese Widerstandskraft immer aufs neue stärkt. Und deshalb sucht er eben diese Quelle trockenzulegen. Sein Angriff auf den Talmud ist ein Angriff auf die Religion Israels, auf die Existenz einer jüdischen Gemeinschaft schlechthin. Die Gefahr ist für die Juden tödlich.

Im Juni 1240 tagt das Tribunal. Rabbi Jechiel und sein Kollege Rabbi Mosche aus Coucy suchen die Argumente der Doninschen Streitschrift zu entkräften. In einer ersten Runde, die im Beisein der Mutter des französischen Königs, Ludwig des Heiligen, stattfindet, sind sie zunächst erfolgreich. Sie können zeigen, daß weder Gott, noch Jesus, noch die Christen im Talmud geschmäht werden. Donin und seine Gesinnungsgenossen lassen nicht locker. In einer entscheidenden Sitzung gelingt ihnen der Durchbruch. Die Richter sind voreingenommen und sprechen über den Talmud das Verdammungsurteil. Zwei Jahre lang gelingt es Rabbi Jechiel und den Pariser Juden, den Vollzug hinauszuschieben. Im September 1242 geschieht das, was nie hätte geschehen dürfen: der Talmud wird verbrannt.
Größte Trauer – wie über den Tod eines Menschen – erfüllt die Juden Frankreichs und ganz Europas. Für lange Zeit ist das geistig-religiöse Leben der Juden gelähmt. In ergreifenden Elegien geben sie ihrem Schmerz Ausdruck. Rabbi Meir von Rothenburg (ca. 1215–1293), der führende Gelehrte Deutschlands, schreibt ein Klagelied, das mit den Worten beginnt: *»Scha'ali s'rufa* . . . Frage du, die im Feuer Verzehrte, nach dem Wohlergehen jener, die um dich trauern.« Viele Gelehrte verlassen Frankreich. Rabbi Jechiel ist ein gebrochener Mann. Er bleibt zunächst noch in Paris, wandert später aber aus und stirbt vermutlich 1265 in Akko, das von den Kreuzfahrern regiert wird.
Der Kampf gegen den Talmud ist bis in die Gegenwart hinein geführt worden. Oft war die Vernichtung der jüdischen Schriften der Auftakt zur Vernichtung der Juden selbst. Im Jahr 1306 werden alle Juden aus Frankreich vertrieben. Viele von ihnen kommen dabei ums Leben. Auf den Brand der Synagogen im Nazi-Deutschland in der »Kristallnacht« des 9./10. November 1938 folgt die Ermordung von sechs Millionen Juden während der Zeit des Zweiten Weltkriegs. Der Dichter Heinrich Heine hat rund hundert Jahre zuvor das prophetische Wort gesprochen: »Dort, wo man die Bücher verbrennt, verbrennt man auch am Ende Menschen.«
Nicht immer trifft den Talmud allerdings das Verdammungsurteil. Am Anfang des 16. Jh. verteidigt ihn der bedeutende Humanist Johannes Reuchlin (1455–1522) gegen die Angriffe des getauften Juden Johannes Pfefferkorn. Im Gegensatz zu Rabbi Jechiel kann Reuchlin den Talmud retten. In einem Exposé mit dem Titel »Ob es göttlich, löblich und dem christlichen Glauben nützlich sei, die jüdischen Schriften zu verbrennen«

schreibt er 1510: Selbst wenn der Talmud Antichristliches enthalten sollte, dürfe man ihn nicht verbrennen. Erzeugnisse des Geistes sind nur »durch den Geist, nicht durch rohe Gewalt« zu bekämpfen. In Reuchlins Tagen hat der Talmud nicht gebrannt.

Ist der Talmud ein Geheimbuch?

In 2 Mose 20 finden sich die Zehn Gebote, die Gott bei der Sinai-Offenbarung dem Volk Israel verkündet hat. In den Versen 8–11 steht die Forderung: »Gedenke des Sabbattages, ihn zu heiligen. Sechs Tage sollst du arbeiten und dein Werk verrichten. Doch der siebte Tag ist ein Ruhetag dem Herrn, deinem Gott. Da sollst du keinerlei Werk tun, weder du, noch dein Sohn oder deine Tochter, dein Knecht, deine Magd, dein Vieh. Auch nicht der Fremde, der in deinen Toren weilt. Denn in sechs Tagen schuf der Herr den Himmel und die Erde, das Meer und alles, was in ihnen ist. Und er ruhte am siebten Tag. Deshalb segnete der Herr den Sabbattag und heiligte ihn.«

Eine wesentliche Frage wird in diesem berühmten Text nicht angeschnitten, weil der Leser in alter Zeit die Antwort ohnehin kennt. Es ist die Frage: Was ist »Arbeit« (hebr.: *m'lacha*), welches das am Sabbat verbotene »Werk«?

In einer Gruppe junger Menschen bat ich einmal um die Definition des Begriffs »Arbeit«. Eine künftige Krankenschwester überraschte mich mit der Aussage: »Arbeit ist alles, was mir keinen Spaß macht.« Sie dachte – wie die meisten Leute – beim Stichwort »Arbeit« an Broterwerb, an Geldverdienen. Daß Arbeit auch ohne Entgelt wichtig ist, übersah sie völlig. Arbeit nur als ein Muß zu betrachten, ist Symptom geistiger Verarmung.

Das »Werk«, von dem die Bibel im Dekalog spricht, ist Mit-Wirken an der Schöpfung Gottes, ist kreative Tätigkeit. So wie der Jude während der Arbeitstage Gottes Schöpfertum gleichsam nachahmt, so stellt er – wie Gott am »Schöpfungssabbat« (1 Mose 2, 1–3) – am siebten Wochentag seine *»m'lacha«* ein. Seine Sabbatruhe wird zum Bekenntnis: das Universum ist von Gott geschaffen und wird von Gott gelenkt. Wenn der Jude am Sabbat ruht, schenkt er nicht nur sich selbst oder seiner Familie die Ruhe, sondern auch jenen, die von ihm abhängig sind: seinen Angestellten, den Fremden, den Tieren. Einen Nichtjuden für sich am Sabbat arbeiten zu lassen, ist nicht statthaft, steht im Widerspruch zur biblischen Satzung.

Das »Werk« kann, muß aber nicht mit körperlicher Anstrengung verbunden sein. Es ist nicht gestattet, am Sabbat ein

Streichholz anzuzünden, obschon niemand dabei ermüdet. Durch das Feuerentfachen wird die Natur umgeformt. Durchaus erlaubt ist es hingegen, einen Tisch zu decken, Brot zu schneiden, Geschirr abzuwaschen, wenn es am selben Sabbat noch benötigt wird.

In seinem Buch »Haben oder Sein. Die seelischen Grundlagen einer neuen Gesellschaft« (Ex Libris, Zürich 1978, S. 55) schreibt der Psychologe Erich Fromm über die Sabbatruhe: »Es handelt sich nicht um Ruhe per se in dem Sinne, daß man jegliche physische oder geistige Anstrengung meidet; es geht um Ruhe im Sinne der Wiederherstellung vollständiger Harmonie zwischen den Menschen und zwischen Mensch und Natur. Nichts darf zerstört und nichts aufgebaut werden; der Sabbat ist ein Tag des Waffenstillstands im Kampf des Menschen mit der Natur. Sogar das Abreißen eines Grashalms wird ebenso als eine Verletzung dieser Harmonie angesehen wie das Entzünden eines Streichholzes.«

Die jüdische Hausfrau muß ihr Essen für den Sabbat schon am Freitag kochen. Will sie es warmhalten, so stellt sie es auf eine – zumeist elektrische – Wärmeplatte. Der Kettenraucher ist gezwungen, am Sabbat auf seinen Zigarettenkonsum zu verzichten. Mit dem Nebeneffekt, daß seine Gewohnheit mindestens einmal in der Woche unterbrochen wird und vielleicht einmal ganz aufhört.

Am Beispiel der Sabbatgesetze wird Wesentliches ersichtlich:

Der biblische Text ist nicht ohne weiteres zu verstehen, er bedarf der Interpretation. Ohne die Definition des Begriffs *»m'lacha«* im Sinne einer kreativen, die Umwelt verändernden Tätigkeit bliebe die Tragweite des Arbeitsverbots am Sabbat unklar. Es gilt dabei für den gläubigen Juden als ausgemacht, daß die Deutung nicht erfunden, sondern in der Mündlichen Tradition gefunden wird.

Ein theologischer Grundsatz im Judentum lautet: Die Deutung des Bibelwortes ist genauso alt und ursprünglich und von Gott am Sinai verkündet wie die Bibel selbst. Der göttliche Gesetzgeber hat zusammen mit dem Gesetz dessen Sinn und Anwendungsbereich Moses – und durch Moses dem Volk – mitgeteilt. Die in der Tora, den fünf Büchern Mose, enthaltene »Schriftliche Lehre« wird erst durch die Mündliche Lehre wirklich transparent. Christen lernen in ihrem Religionsunterricht die Tora und die übrigen Bücher der Bibel kennen. Die Mündliche Lehre Israels ist ihnen nicht bekannt.

Von ihr muß hier die Rede sein. Nach jüdischer Sicht wurde sie am Sinai offenbart und bleibt zunächst, während rund tausend Jahren, nur »mündlich«. Eine Generation gibt sie an die nächste weiter, vertieft die Gedanken und erforscht sie nach bestimmten Regeln der Schriftdeutung. Die Menschen der alten Zeit besitzen ein erstaunliches Gedächtnis, in dem sie den Wissensstoff zu speichern vermögen.
Doch die Lehre wird von Jahrhundert zu Jahrhundert umfangreicher und damit kaum mehr überschaubar. Die Gefahr des Vergessens zwingt zur Niederschrift des Stoffes, zumal mit der römischen Besetzung Palästinas im 1. Jahrhundert v.d.Z. die Lehrtätigkeit empfindlich gestört wird. Die Leiter der Akademien beginnen mit der Sichtung des Materials. An eine Publikation ist zunächst nicht gedacht. Die Scheu vor der Niederschrift ist noch zu groß. Unstimmigkeiten bei der Erklärung von Bibelstellen zwingen schließlich den religiösen Führer der palästinensischen Judenheit, den Patriarchen Rabbi Jehuda, um das Jahr 200 d. Z. die ihm verbindlich erscheinenden Lehren der Mündlichen Tradition in einem sechsbändigen Werk zu veröffentlichen. Er nennt es *Mischna,* die »Lehre«. Die Sprache der Mischna ist Hebräisch, mit griechischen und aramäischen Vokabeln durchsetzt. Die Einteilung des Materials in Traktate, Kapitel und in kleine Abschnitte, die *Mischnajot,* ist übersichtlich. Rabbi Jehuda zitiert widersprüchliche Ansichten, nennt eine einzelne Meinung und darauf jene der Mehrheit. Was ihm fragwürdig erscheint, wird zur Barajta, zum »Draußenstehenden«. In späteren Diskussionen wird es freilich oft zur Beweisführung herangezogen.
Die Mischna umschließt das ganze Spektrum des Lebens. Auf den einleitenden Abschnitt über »Segenssprüche« (hebr. *b'rachot*) folgen die Vorschriften zum Ackerbau, zu den Feiertagen, zum Ehe- und Sachrecht und zu Fragen des Strafgesetzes, zu Opfer- und Speiseverordnungen. Reinheitsvorschriften fehlen so wenig wie die »Sprüche der Väter«, die Sammlung ethischer Maximen. Die Mischna ist kurzgefaßt, oftmals wie im Telegrammstil, das Leben aber vielfältig und ohne Stillstand. In den Schulen diskutieren die Gelehrten, die *Amoräer,* über die Ansichten der Mischna-Rabbiner, der *Tannaïten.* Widersprüchliches wird aufgedeckt, Unklares zu erklären versucht. Die Antworten fußen auf Belegen aus der Bibel und der Mischna und sind jeweils bestrebt, die vielen Meinungen zu harmonisieren und den gemeinsamen Nenner herauszuarbeiten. Zweihundert

Jahre nach der Publikation der Mischna erscheinen zunächst in Palästina die *Protokolle der Diskussionen*, die in den dortigen Schulen geführt worden sind: die *Gemara*, die »Vollendung«, ist erreicht.
Mischna und Gemara zusammen heißen *Talmud*, die »Lehre«. Um 400 d. Z. wird der *Palästinensische* oder *Jerusalemische Talmud* veröffentlicht. Doch nicht nur in Palästina wird die Mischna eifrig studiert, sondern auch in den großen Zentren der babylonischen Judenheit. In den Städten Sura, Pumbadita und Nahardea sind Generationen von Gelehrten damit beschäftigt, mit unerhörtem Fleiß und Scharfsinn die Worte der Bibel zu erforschen und die Gesetze auf richtige Weise zu deuten. Ihre in scharfer Logik geführten Debatten werden hundert Jahre nach dem Erscheinen des Jerusalemischen Talmud im *Babylonischen Talmud* zusammengefaßt. Ein gigantisches Werk, das heute im Original je nach Ausgabe rund fünfzehn Bände ausmacht. Wegen seiner Klarheit und Gründlichkeit bei der Behandlung der verschiedenen Probleme hat die Nachwelt dem Babylonischen Talmud den Vorzug gegeben. Die beiden Talmude überschneiden, aber überdecken sich nicht. Es gibt etliche Traktate der Mischna, die nur in einem der beiden behandelt werden. So sind nur im Palästinensischen Talmud spezifische Gesetze, die mit der Landwirtschaft zusammenhängen, enthalten. Es ist denkbar, daß man in Babylonien, fern vom jüdischen Heimatland, für diese Fragen kein Interesse zeigte und daher nicht darüber sprach. Denkbar ist freilich auch, daß die entsprechenden Protokolle verlorengegangen sind. Zum anderen sind Vorschriften über das Opferwesen und die kultische Reinheit lediglich im Babylonischen Talmud enthalten. Ob man in Palästina nach der Zerstörung des Tempels mit seinem Kult und seinen Reinheitsbestimmungen nicht mehr darüber diskutieren und sich dafür lieber den Problemen des Alltags zuwenden wollte? Auch diese Frage läßt sich nicht beantworten.
Ist der Talmud ein Geheimbuch? Wäre er es, so könnte ihn nur ein eingeweihter Kreis von Gelehrten studieren. In der Tat kann aber jeder Mensch die Diskussionsprotokolle kennenlernen, wenn er die notwendige Zeit dafür aufbringt, sich in die besondere Dialektik einführen zu lassen. Man muß den Talmud gründlich zu erfassen suchen. Viele Juden widmen sich ihm täglich, ein Leben lang, Tag für Tag.

Der geschichtliche Hintergrund

Im Jahr 332 v.d.Z. wird in der Geschichte Israels ein neues Blatt aufgeschlagen. Alexander der Große erobert Palästina, die griechische Kultur findet im Land der Juden Eingang. Dank seiner großen Toleranz und seines politischen Weitblicks gewährt Alexander den sich kampflos Unterwerfenden ein Höchstmaß an religiöser Freiheit. Nach seinem frühen Tod verschlechtern sich freilich die Verhältnisse. Alexanders Nachfolger, besonders die im syrisch-palästinensischen Raum regierenden Seleukiden, erstreben die kulturell-religiöse Gleichschaltung aller zu ihrem Machtbereich gehörenden Untertanen. Die Anhänger eines Vielgötterkults vermögen die Verehrung der griechischen Nationalgottheiten zusätzlich zu den eigenen mühelos zu akzeptieren. Für die Juden mit ihrem kompromißlosen Ein-Gott-Glauben ist ein Opfer zu Ehren des Zeus und des griechischen Pantheons ein Ding der Unmöglichkeit. Sie sind bereit, die fremde Oberhoheit weiterhin anzuerkennen, doch dem Zwang zum Götzendienst widerstehen sie – mit einer Verbissenheit, die vor dem Märtyrertod nicht zurückschreckt.

Die Griechen mißverstehen diese Haltung. Die Verweigerung der Götterverehrung ist ihnen gleichbedeutend mit der Verweigerung des Gehorsams. Repressive Maßnahmen sollen die widerspenstigen Juden zum Nachgeben zwingen. Im Jerusalemer Tempel werden Schweine zu Ehren des Zeus dargebracht – den Juden ein Greuel, die Schweinefleisch nicht einmal essen dürfen. In den größeren Ortschaften des Landes lassen die Herrscher heidnische Tempel und Altäre bauen. Wer von den Juden den Sabbat beobachtet, seinen Sohn beschneiden läßt oder die Speisegesetze einhält, riskiert die Todesstrafe. Manche Leute aus dem Volk sympathisieren mit den Machthabern. Sie ahmen sie in jeder Hinsicht nach: sie kleiden sich nach griechischer Tracht, sprechen Griechisch, geben ihren Kindern griechische Namen und treiben Sport in griechischen Arenen. Die traditionsbewußten Gegner des Regimes aber organisieren den geistigen und den militärischen Widerstand. Im Jahr 165 – König Antiochus Epiphanes hat den Zwang auf die Spitze getrieben – bricht ein Freiheitskampf aus. Unter der Führung der Hasmonäer gelingt es den jüdischen Partisanen, Jerusalem zu erobern und den Tempel von den Spuren der Götterverehrung zu säubern. Ein Fest, das bis heute als das Lichterfest *Chanukka* gefeiert wird, erinnert an die Ereignisse. Der erfolgreiche Kampf führt zur politischen Unabhängigkeit.

Nach Jahrhunderten der Fremdherrschaft entsteht in Palästina ein jüdischer Staat, regiert von den Fürsten der Hasmonäerdynastie. Was freilich mit großem Glanz beginnt, endet in der Katastrophe. Innere Zerwürfnisse und die Unfähigkeit, sich gegen das inzwischen mächtig vordrängende Rom wirksam zur Wehr zu setzen, untergraben die Eigenständigkeit. In einem Bruderzwist, bei dem es um die Thronfolge geht, werden die Römer als Schiedsrichter herbeigerufen. Sie kommen und – bleiben. Im Jahr 63 v.d.Z. befestigen die römischen Legionäre unter Pompeius den Goldenen Adler, das Hoheitszeichen Roms, an den Toren des Tempels.

Noch können jüdische Herrscher das Land regieren. Der römische Statthalter sitzt in Damaskus und übt nur formell seine Oberhoheit aus. Doch nach dem Tod des Herodes im Jahr 4 v.d.Z. wird Palästina zum Protektorat. In Jerusalem sitzen die sogenannten Landpfleger, die eher ihre eigenen Interessen als die Interessen Roms, geschweige denn die Anliegen der Untertanen im Auge haben. Harte Repressionen wecken erneut den jüdischen Widerstand. Dieses Mal gegen die Weltmacht am Tiber. Im Jahr 66 bricht der Jüdische Krieg aus, den der Historiker Flavius Josephus, einst jüdischer Feldherr, dann Überläufer zu Rom und später Chronist des Geschehens, das er selbst aus der Nähe miterlebt hat, auf meisterhafte Weise beschreibt. Vier Jahre später ist Jerusalem erobert. Der Tempel liegt in Asche. Ein zweitausendjähriges Exil treibt das jüdische Volk in die Welt, ein Exil, das erst 1948 mit der Gründung des Staates Israel sein Ende findet. Der Fall Jerusalems bricht den Widerstand allerdings nicht vollständig. Bis zum Jahr 73 kann sich die Felsenfestung Massada beim Toten Meer erfolgreich verteidigen. Von 132–135 führt der Guerillaführer Bar Kochba einen zunächst günstig verlaufenden, dann in einem schrecklichen Blutbad endenden Kampf gegen die römischen Usurpatoren. Mit dem Tag der Tempelzerstörung war indessen die große Zäsur bereits gesetzt. Was danach kommt, gleicht den letzten Zuckungen eines tödlich verwundeten Lebewesens.

Es überrascht nicht, daß die politischen Ereignisse das geistig-religiöse Leben bestimmen. Bereits zur Griechenzeit dreht sich die entscheidende Problematik um die Frage von Anpassung oder Widerstand. Soll die griechische Lebensauffassung ganz, zu einem Teil oder überhaupt nicht akzeptiert werden? Die großen religiösen Parteien der damaligen Zeit formieren sich: die *Pharisäer, Sadduzäer* und *Essener*. Josephus skizziert die Unterschiede.

Die *Pharisäer* (hebr.: *p'ruschim*), die »Abgesonderten«, »leben enthaltsam und kennen keine Annehmlichkeiten. Was vernünftige Überlegung als gut erscheinen läßt, dem folgen sie und halten es überhaupt für ihre Pflicht, den Vorschriften der Vernunft nachzukommen« (»Jüdische Altertümer«, XVIII, 1, 2). Josephus hält fest, daß die Pharisäer die Willensfreiheit, die Unsterblichkeit der Seele sowie den Glauben an eine göttliche Vergeltung, an Lohn und Strafe, predigen. Ihr Einfluß beim Volk ist groß. (vgl. »Geschichte des Jüdischen Kriegs«, II, 8, 14). Die *Sadduzäer*, die dem Adel und der Priesterschaft angehören, beschränken sich nach dem Urteil des antiken Chronisten auf die wörtliche Anwendung des Bibeltextes. Die von Generation auf Generation tradierte Mündliche Lehre halten sie für unverbindlich. Weil die Bibel nicht von einem Leben nach dem Tod spricht, bestreiten sie dies. Die wortgetreue Interpretation der Heiligen Schrift führt zu seltsamen Ergebnissen. Den Vers: »Ihr sollt am Sabbat kein Feuer entfachen« (2 Mose 35,3), verstehen sie im Sinne von: »Ihr sollt am Sabbat kein Feuer brennen lassen.« Ehe der Sabbat beginnt, löschen sie deshalb jegliche Lichtquelle und verbringen den Freitagabend, die eindrucksvollsten und schönsten Stunden der ganzen Woche, im Dunkeln.

Die *Essener* schließlich fühlen sich vom Stadtleben und seinen Sitten abgestoßen und entfliehen in die Wüste. Sie leben in einer Gütergemeinschaft, heiraten nicht und halten keine Sklaven, sie selbst widmen sich dem Ackerbau. Wie die Pharisäer sind sie von der Fortexistenz der Seele nach dem Tod überzeugt. Auch die Auferstehung der Toten ist ihnen nicht fremd.

Funde aus dem Jahr 1947 förderten in Qumrân am Toten Meer die Reste einer vermutlich essenischen Siedlung zutage. Die Mitteilungen, die Josephus macht, werden ergänzt und teilweise berichtigt. Aus Schriftrollen, die ein Beduinenjunge in Höhlen in der Nähe des Ortes entdeckt hat, wird ersichtlich, daß die Einwohner von Qumrân aus Protest gegen den ihnen verhaßten Tempelkult Jerusalem verlassen haben. Der sogenannte »Lehrer der Gerechtigkeit« unterweist sie in den Vorschriften des Glaubens. Rigoros beobachten sie die Gesetze, insbesondere die täglichen Reinheitsriten. Das Untertauchen im Bassin mit reinem Wasser, der *Mikwe,* wird des öfteren vollzogen. Die Gruppe denkt elitär, sie hält sich für das wahre Israel und zieht eine scharfe Trennung zwischen sich, den »Söhnen des Lichts«, und den übrigen Juden, den »Söhnen der Finsternis«. Die Welt ist in Gute und Böse aufgeteilt.

Für die jüdische Religionsgeschichte – im Unterschied zur christlichen – bleiben die Essener von geringer Bedeutung. Mit großer Wahrscheinlichkeit kannte sie Jesus von Nazaret und bezog sich in seinen Predigten auf ihre Lehren. So, wenn er die Feindesliebe fordert (Mt 5,43–44) und sich damit in Gegensatz zur essenischen Forderung setzt, den Feind zu hassen (z. B. »Gemeinderegel«, I,9–10).

Die Sadduzäer sind zahlreicher als die Essener, doch auch sie bleiben ohne große Wirkung auf das Volk. Krampfhaft suchen sie ihre Positionen im Kult und in den höheren Gesellschaftskreisen zu festigen. Ihre reaktionäre Einstellung zur Ausformung der Tradition sowie ihr Nachäffen fremder Riten und Sitten entfremden sie der breiten Masse. Ihr Glaube erstarrt sehr bald, weil er neuer Impulse entbehrt.

Die Zukunft gehört den Pharisäern. Sie sind die wirklichen Sachwalter des Judentums, die maßgebenden Interpreten der jüdischen Lehre. In echter und tiefer Gläubigkeit erforschen sie Gottes Wort, wie es in den biblischen Schriften niedergelegt ist, und ihr Tun geschieht zum Besten des Volkes. In den Jahrhunderten großer Gefährdung schenken sie die Überzeugung, daß nur ein Leben nach der Lehre Gottes Glück und Sicherheit zu gewährleisten vermag.

Die Nachwelt hat die Pharisäer – unter dem Einfluß des Neuen Testaments (Mt 23; Lk 11,37–54) – völlig verzeichnet und den Namen »Pharisäer« mit Heuchler und Lügner gleichgesetzt. Genau das sind sie nicht. Selbstredend gibt es in jeder Gemeinschaft Menschen, die es mit der Wahrheit nicht genau nehmen. Doch sie bilden die Ausnahme. Die überwältigende Mehrheit der Pharisäer nimmt es genau mit dem Wort und mit der Tat. Wenn es heutzutage noch Juden auf der Welt gibt, die freudig und stolz ihrem Glauben leben, dann nur, weil vor rund zweitausend Jahren die Pharisäer den Boden für ein pulsierendes, dynamisches Judentum gelegt haben.

Waren die Pharisäer pharisäisch?

In einem Text des Palästinensischen Talmuds werden die Pharisäer charakterisiert: »Es gibt sieben Arten von Pharisäern: den Schulter-Pharisäer, den Pharisäer des Darlehennehmens, den Abrechnungspharisäer, den Sparsamkeitspharisäer, den Askese-Pharisäer, den Furcht-Pharisäer und den Liebespharisäer. Der Schulter-Pharisäer plädiert für gute Werke auf der Schulter (zum Schaden eines Mitmenschen). Der Pharisäer des Darlehennehmens sagt: »Ich will mir (Geld) leihen und damit ein gutes Werk tun.« Der Abrechnungspharisäer sagt: »Ich will ein Pflichtgebot erfüllen, ein gottgefälliges Werk tun und das eine gegen das andere abrechnen.« Der Sparsamkeitspharisäer sagt: »Von dem lebensnotwendigen (winzigen) Vermögen, das ich besitze, spare ich mir ab, um ein gottgefälliges Werk zu tun.« Der Askese-Pharisäer sagt: »Ich kenne meine Pflicht und erfülle sie.« Der Furcht-Pharisäer ist wie Hiob. Der Liebespharisäer ist wie Abraham. Abraham macht den bösen Trieb gut.« (B'rachot-Traktat, 14 b, vgl. Babylonischer Talmud, Sota, 22 b).

Der Talmud läßt keinen Zweifel daran, daß Abraham das richtige Beispiel gegeben hat: Das Gute tun aus Liebe zu Gott. Im Matthäusevangelium (23, 1–7) warnt Jesus das Volk vor den Pharisäern und Schriftgelehrten, die »alle ihre Werke tun, um von den Menschen gesehen und – Rabbi genannt zu werden«. Jesus spricht sein »Wehe« über sie und nennt sie »Heuchler«.

Die Nachwelt verzichtet auf eine nähere Differenzierung. Für sie ist jeder Pharisäer ein religiös verstockter Heuchler. Zu Unrecht. Jesus wendet sich nicht gegen die Pharisäer schlechthin, sondern lediglich gegen die Auswüchse eines falschen Verhaltens, einer zur Schau gestellten Frömmigkeit. In jeder Gemeinschaft gibt es Menschen, die anders scheinen wollen, als sie sind. Darf man deshalb über die ganze Gemeinschaft den Stab brechen?

Jesus selbst steht den Pharisäern geistig nahe, näher als den Sadduzäern und den Essäern, den beiden anderen Gruppen innerhalb des jüdischen Volkes seiner Zeit. Mit den Pharisäern betont er den Wert der umfassenden Mitmenschlichkeit, den Glauben an die Unsterblichkeit der Seele und die Auferstehung

der Toten. Seine Kritik geht mit der Kritik der Talmudstelle konform. Er polemisiert gegen Pharisäer, aber nicht gegen die Pharisäer schlechthin.
Während rund zweihundert Jahren, bis zur Zerstörung Jerusalems durch die Römer im Jahre 70 d. Z. und weit darüber hinaus, suchen die Pharisäer die jüdische Tradition vor dem Erstarren und dem Abgleiten in falsche Vorstellungen zu bewahren. Die von Gott erlassenen Gesetze der Tora, der fünf Bücher Mose, müssen in jeder Epoche neu interpretiert werden. Die Gesetze sind gut, sie fördern das Leben. Sollten sie es einmal nicht tun, so ist das Gesetz in ungenügender Weise gedeutet worden.
Ein Beispiel mag das erklären. In der ersten Phase des Freiheitskampfes gegen die griechisch-seleukidischen Beherrscher Palästinas nach Alexander des Großen Tod pflegen die Juden am Sabbat nicht zu den Waffen zu greifen. Sie glauben, das biblische Arbeitsverbot, das für den wöchentlichen Ruhetag gilt, verbiete die militärische Auseinandersetzung. Selbst dann, wenn sie zur Selbstverteidigung geführt wird. Der Sabbat wird damit zur Todesfalle; denn Israels Feinde wissen um die Einschränkung und spüren die Partisanen mit Vorliebe am Sabbat in ihren Verstecken auf. Da erlassen die Schriftgelehrten die Richtlinie: »Lebensgefahr verdrängt den Sabbat« (b. Schabbat, 132 a). Es ist die hohe Pflicht auch des frömmsten Juden, alles zu tun, um sich und den Mitmenschen vor dem Tod zu retten. »Besser ist es«, sagen die Weisen, »jemand entweiht einen einzelnen Sabbat, um danach viele Sabbate einhalten zu können, als daß er ihn nicht entweiht und dabei zugrunde geht.« (Joma, 85 b). Die Gesetzesinterpreten stützen sich bei ihrem Erlaß auf eine Stelle aus dem 3. Mosebuch. Dort heißt es: »Beobachtet meine Gesetze und meine Rechtsvorschriften. Wer sie übt, wird durch sie leben. Ich bin der Herr« (18,5). ». . . wird durch sie leben«: Gesetz und Leben schließen sich nicht aus. Das Gesetz steht im Dienst des Lebens. Kann es dies nicht, so wird es zeitweilig außer Kraft gesetzt.
Die Pharisäer sind alles andere als Fanatiker, die mit dem Kopf durch die Wand wollen. Genauso falsch wie der Vorwurf der Heuchelei, den man gegen sie erhoben hat, ist jener der Engstirnigkeit und einer verwerflichen Gesetzlichkeit. Aber auch von einer sogenannten Werkgerechtigkeit kann bei ihnen nicht die Rede sein, von der Tendenz, jede Tat genau zu berechnen und durch die Belohnung den Eingang ins Himmelreich abzusi-

chern. »Seid nicht wie Diener, die ihrem Herrn dienen, um Lohn zu empfangen, sondern wie Diener, die dem Herrn dienen, auch wenn sie keinen Lohn erwarten können«, lautet eine wichtige Losung (Sprüche der Väter, I, 3). Die Pharisäer wollen in der Tat pharisäisch sein. Aber dies heißt nicht »heuchlerisch« oder »gesetzlich«, sondern »abgesondert« (hebr.: *parusch*): abgesondert vom Niederen und Niederträchtigen, bei dem jeder nur noch sich selbst sieht.

Die hervorragendsten Vertreter der Pharisäer – ein Hillel, ein Rabbi Jochanan ben Sakkai, ein Rabbi Akiba – bezeugen durch ihre Gesinnung und ihre Lebenshaltung, was pharisäisches Judentum wirklich erstrebt. *Hillel,* auch Hillel der Ältere genannt, lebte im 1. Jh. v.d.Z. In Babylonien geboren, zieht er in seiner Jugend nach Palästina. Er lebt in großer Armut und ernährt sich von schwerer Arbeit. Es fällt ihm schwer, das Eintrittsgeld für den Besuch des Lehrhauses zu bezahlen, in welchem seine Lehrer Schmaja und Awtaljon unterrichten. An einem kalten Wintertag klettert er aufs Dach, um von dort aus den Diskussionen zu folgen. Es beginnt zu schneien. Er bemerkt es nicht. Tags darauf findet man ihn halb erfroren auf. Von nun an darf er den Unterricht unentgeltlich besuchen. Hillel besitzt ein glänzendes Gedächtnis und die Gabe, seine Gedanken klar zu formulieren. Die Texte der Schrift erklärt er nach ganz bestimmten Regeln der Schriftdeutung, die er als Erster präzise festlegt. Wegen seiner Gelehrsamkeit wird er Vorsitzender des Obersten Gerichtshofes, des Synhedrions. Sein Kollege *Schammai* wird sein Stellvertreter. Anders als Schammai besitzt Hillel eine sprichwörtliche Geduld. Durch nichts läßt er sich aus der Ruhe bringen, selbst dann nicht, wenn man ihn unablässig stört.

Wie an jenem Freitagnachmittag, da er im Bade ist und von einem Mann immer wieder von dort herausgerufen und mit läppischen Fragen belästigt wird. Hillel antwortet in aller Ruhe, bis der Besucher mit der Faust auf den Tisch schlägt und schreit: »Deinetwegen habe ich eine Wette verloren. Ich habe nämlich behauptet, es würde mir gelingen, dich in Zorn zu versetzen!« Rund fünfzig Jahre vor Jesus aus Nazaret erkennt Hillel in der Satzung aus 3 Mose 19,18 die Quintessenz der jüdischen Religion: »Liebe deinen Nächsten wie dich selbst« oder, wie der Satz übersetzt werden kann: »Liebe deinen Nächsten als deinesgleichen.« »Was dir verhaßt ist«, sagt Hillel, »das füge keinem anderen zu« (b. Schabbat, 31a). Ein Heide will Jude werden, wenn ihm der Gelehrte das Judentum erklären kann, solange er auf einem Bein zu stehen vermag. Hillel kann es mit dem Hinweis auf diesen Bibelvers, und er fügt hinzu: »Dies ist die ganze Tora (Lehre), das Übrige ist ihre Deutung. Geh hin und lerne!«

Rabbi *Jochanan ben Sakkai,* ein Schüler Hillels, beweist seine Liebe zum Mitmenschen in einem tragischen Augenblick der jüdischen Geschichte. Jerusalem wird von den Römern belagert. Der in den Jahren 66–70 tobende Krieg, in dem Tausende von Juden umkommen, steht vor seinem Ende. Rabbi Jochanan ist Führer der Friedenspartei in der hart bedrängten Stadt. Er erkennt die Aussichtslosigkeit des ungleichen Kampfes und will retten, was zu retten ist. Jerusalem wird fallen, aber Israel soll überleben. So läßt er die Kunde von seinem plötzlichen Tod verbreiten. Die Schüler dürfen den Leichnam aus der Stadt tragen, zum Friedhof außerhalb der Mauern. Rabbi Jochanan, der alsbald »aufersteht«, begibt sich schnurstracks ins römische Zeltlager. Den Feldherrn Vespasian begrüßt er als Kaiser und sagt, der Senat habe ihn zum neuen Imperator Roms bestimmt. Woher der Rabbi dies weiß, berichtet die Erzählung nicht. Doch die Nachricht ist richtig. Der hocherfreute Vespasian will dem Juden einen Gefallen erweisen. »Äußere einen Wunsch, und ich werde ihn erfüllen!« Rabbi Jochanan ist zu klug, um Unerfüllbares zu wünschen. So spricht er: »Gib mir das Recht, in Jawne – einem Ort unweit der Mittelmeerküste – eine Lehranstalt zu errichten.« Vespasian bewilligt die Bitte. Er mag den Alten wohl für närrisch gehalten haben, weil er nicht um ein greifbares Geschenk, um Gold und Silber oder ein persönliches Privileg nachgesucht hat. In Wirklichkeit sichert Rabbi Jochanan die Zukunft seines Volkes und seines Glaubens. Nach dem Untergang der Metropole wird Jawne (Jamnia) zum neuen Zentrum der Gelehrsamkeit und zum Sitz des Synhedrions. Mag auch der Tempel in Schutt und Asche sinken – das Volk überlebt die Katastrophe.

Rabbi *Akiba ben Joseph* lebte von 40–135. Die ersten vierzig Jahre seines Lebens ist er ein Hirte, der weder schreiben noch lesen kann. Er verliebt sich in Rachel, die Tochter seines reichen Brotgebers. »Wenn du bereit bist, Versäumtes nachzuholen, und ein Lehrhaus aufsuchst, so will ich dich heiraten.« Rachels Vaters ist über diese Mésalliance aufs höchste erbost, er verstößt seine Tochter und enterbt sie. Nach wenigen Jahren wird Akiba, der dem Wunsch seiner Gattin entspricht, zum bedeutendsten Schüler Rabbi Jochanan ben Sakkais, und dank

seiner Brillanz bald einmal zum großen Meister der Schriftdeutung. Er beginnt mit der Niederschrift wichtiger Lehrsätze der Mündlichen Tradition und legt den Grundstein zur Mischna, die Rabbi Jehuda, der Patriarch, rund hundert Jahre später publiziert. Im letzten Versuch, die römische Herrschaft abzuschütteln, im Freiheitskampf Bar Kochbas, unterstützt er die Freischärler und glaubt in Bar Kochba den Messias, den erhofften Erlöser Israels zu sehen. Nach dem Mißlingen des Aufstandes wird Rabbi Akiba verhaftet und von den Römern lebendigen Leibes verbrannt. Dem desillusionierten, der Verzweiflung nahen Volk schenkt er Mut und den Glauben an eine bessere Zeit. Er stirbt als Märtyrer. »Nun liebe ich Gott nicht nur mit ganzem Herzen, sondern auch mit ganzer Seele, wie das Gesetz es fordert«, spricht er kurz vor seinem Tod. »Ihm schenke ich mein Leben!«
Sind die Pharisäer »pharisäisch«, sind sie Heuchler? Wer wollte eine solche Frage angesichts solcher Tatsachen noch stellen!

Die talmudische Lehrmethode

Es ist für jede lebendige Diskussion bezeichnend, daß eine strenge Systematik fehlt. Oft gleitet ein Gesprächspartner vom eigentlichen Thema ab oder sucht Beispiele für seine Auffassung, die auf den ersten Blick hin sehr wenig mit der Fragestellung zu tun haben. Der Talmudstudent von heute ist daher oft schon zufrieden, wenn er den roten Faden des Problemkreises im Auge behalten kann und die mit scharfer Logik geführten Debatten zu verstehen imstande ist.
Zur Erhellung einer bestimmten Schwierigkeit werden von den Talmudweisen, den Amoräern, Zitate aus der Bibel oder aus der Mischna angeführt. Rede und Gegenrede, Argumente und deren Widerlegung lassen das Problem immer plastischer werden. Widersprüchliches versucht man auszugleichen, weil immer die Harmonisierung der Ansichten angestrebt wird. Wo dies nicht gelingt, bleiben die abweichenden Meinungen bestehen, und dies ist oft der Fall. Keinem der Gelehrten ist es gelungen, seine These eindeutig zu beweisen. Nicht etwa, weil er die Bibel oder die Mischna nicht richtig verstünde, sondern weil verschiedene Interpretationen möglich sind. Die Wahrheit ist komplex. Oft gibt es nicht nur eine Antwort. Keiner der rund dreitausend im Babylonischen Talmud angeführten Schriftgelehrten maßt sich an, *die* Wahrheit zu kennen. In aller Bescheidenheit respektiert er die Meinung des Kollegen und stimmt der Maxime zu: »Diese *und* diese sind die Worte des lebendigen Gottes« (b. Eruwin, 13b). Gott allein kennt die ganze Wahrheit, wir Menschen aber nur Teilaspekte.
Talmudische »Gefechte« führen nicht immer zu einem Resultat. Gelegentlich wird am Ende einer Debatte abgestimmt und das Urteil der Mehrheit zum Gesetz erhoben, das in der Praxis von allen zu befolgen ist. Oder es wird ohne weiteren Kommentar vermerkt, die *Halachá,* die religionsgesetzliche Entscheidung, richte sich nach der Ansicht des Rabbi XY. Er ist offensichtlich die allgemein anerkannte Autorität. Doch in den weitaus meisten Fällen fehlt die Halacha. Der Talmud will kein Gesetzbuch sein. Nicht das Ergebnis ist ihm wichtig, sondern der Weg zum Ergebnis, das Abhorchen der im Gotteswort enthaltenen Fülle

von Ideen. Deshalb bleibt der Talmud bis in alle Zukunft hinein aktuell. Wohl sind die Diskussionen in einem bestimmten Zeitpunkt formell abgeschlossen und einer breiten Öffentlichkeit zugänglich gemacht worden. Man kann die Talmudfolianten kaufen und in seine Bibliothek stellen. Doch die Probleme sind immer nur aufgeworfen, letztlich aber nie endgültig gelöst. Jede Generation hat die Möglichkeit und die Pflicht, in dieses gewaltige Meer geistigen Schaffens einzutauchen und bisher unentdeckte Perlen aus der Tiefe zu holen. Sinnigerweise meint ein kluges Wort: »Es gibt kein Lehrhaus ohne eine Erneuerung«, ohne einen neuen Gesichtspunkt. In den heutigen Talmudschulen, den *Jeschiwot,* pflegen die Studenten einen noch nicht erarbeiteten Text in Zweiergruppen zu behandeln. *»Bechawruta«,* in Gemeinschaft. Die talmudische Dialektik ist im Gespräch leichter zugänglich, die Gefahr, daß einer steckenbleibt und sich in einen Irrweg verrennt, geringer. Zugleich wird die Diskussion besser aufgegriffen und weitergesponnen. Wer einen Gedanken zu Ende denken will, kann es in der Regel im Dialog gründlicher tun als im Selbstgespräch. Er durchbricht die eigene Begrenzung und sieht Aspekte, die ihm zuvor verborgen waren. Die Talmudschule ist eine Schule des Denkens. Der Intellekt wird geschärft. Anhand der mit scharfer Logik geführten Talmuddiskussionen lernt der Student, selber hieb- und stichfest zu argumentieren und alles Verschwommene zu meiden. Das Eindringen in die komplizierten Gedankengänge bedarf daher großer Konzentration und zugleich langjähriger Erfahrung.

Die talmudische Lehrmethode lernt man nicht im Handumdrehen und zwar nicht nur, weil zunächst einmal die sprachlichen Hürden zu nehmen sind. Der Text ist nämlich aramäisch. Selbst bei einer Übersetzung ins Deutsche bleibt vieles unklar. Die Formulierung ist nämlich kurz, für modernes Empfinden viel zu kurz. Nur der Geübte vermag zu erkennen, was eigentlich gemeint ist. Er studiert zu besserem Verständnis die am Rande einer jeden Talmudseite abgedruckten Kommentare: die Kommentare des Rabbi Schlomo ben Jizchak, kurz Raschi genannt, und seiner Enkel, der »Tossafisten«. So gelingt ihm der Einstieg in die Problematik, die ihn stundenlang zu fesseln vermag.

Die Beweisführung in talmudischen Diskussionen bedient sich hermeneutischer Regeln, nach denen die Bibelverse ausgedeutet werden. Beispielsweise des Schlusses »vom Leichteren auf das Schwerere« oder – umgekehrt – »vom Schwereren auf das Leichtere«. Ferner bedient sie sich der Analogien bei sprachlichen Wendungen oder bei der Wahl eines bestimmten Wortes. Bereits in der Bibel lassen sich solche »Schlüsse« finden. In der Josephsgeschichte (1 Mose 44,8) sprechen die des Diebstahls eines Silberbechers verdächtigten Brüder zu Josephs Diener: »Siehe, das Geld, das wir in unseren Säcken gefunden haben, brachten wir aus Kanaan zurück. Wie sollten wir da aus dem Hause deines Herrn Silber oder Gold stehlen?« Vom leichteren Fall: »wir sind ehrlich, auch wenn man es nicht kontrollieren kann«, wird auf den schwereren geschlossen: »wie könnten wir einen Gegenstand aus dem Hause des Herrn entwenden?«

Rund ein Zehntel des Babylonischen Talmuds besteht nicht aus scharfsinnigen Erörterungen über gesetzliche Fragen, nicht aus der Halacha, sondern aus der *Aggada,* aus »Erzählungen«. Dazu gehören die Gedanken über Gott und sein Handeln, über die Schöpfung und ihren Sinn, die Aufgaben des Menschen im allgemeinen und des Juden im besonderen. Diese Gedanken sind in Geschichten und Legenden gekleidet. Sie kehren wieder in Fabeln und Gleichnissen. Halacha und Aggada sind formal nicht getrennt. Mitten in eine halachische Diskussion wird eine Aggada eingeflochten, weil zum Beispiel gezeigt werden soll, wie ein Rabbi das Problem in seinem eigenen Leben gelöst hat.

Die Halacha spricht den Verstand an, die Aggada das Herz. Ohne das Herz verkümmert das Gehirn, und ohne das Gehirn verliert sich das Herz im Träumerischen und Irrealen. Halacha und Aggada sind daher gleicherweise wichtig. Sie ergänzen sich. Der Talmud wäre arm ohne die Aggada. Mit ihr wird er zu einer mit Kostbarkeiten gefüllten Schatztruhe. In ihr ist die Ethik des Judentums nicht minder enthalten.

Wir sehen es an der Geschichte des Rabbi Josse ben Kisma, der folgendes erzählt:

»Einst war ich auf Reisen; da begegnete mir ein alter Mann. Er entbot mir den Friedensgruß, und ich erwiderte ihn. ›Rabbi‹, sagte er, ›aus welchem Orte bist du?‹ Ich antwortete: ›Ich komme aus einer großen Stadt, wo es viele Schriftgelehrte gibt.‹ Da meinte der Mann: ›Rabbi, möchtest du vielleicht bei uns, an unserem Orte wohnen? Ich gäbe dir tausend mal tausend Golddenare, kostbare Steine und Perlen.‹ Ich entgegnete: ›Gäbest du mir auch alles Silber und Gold, alle Edelsteine und Perlen der Welt – ich wohne doch nur an einer Stätte der Tora, der Gelehrsamkeit. Wie David, der König Israels, in den Psalmen es vermerkt hat: ›Lieber ist mir die Lehre deines Mundes als Tausende von Gold- und Silberstücken.‹ Mehr noch: In der Todesstunde begleiten den Menschen nicht Silber, noch Gold, sondern bloß die Worte der Lehre, die er studiert, und die guten Taten, die er vollbracht hat« (Sprüche der Väter, VI, 10).

Eine weitere Erzählung:

Es war ein Mann in Sidon. Zehn Jahre lebte er mit seiner Frau zusammen, doch sie gebar ihm kein Kind. Da gingen sie gemeinsam vor Rabbi Schimon bar Jochai und baten ihn, ihre Ehe zu scheiden. Der Rabbi sprach: »So wie ihr bei Speise und Trank zusammengegeben wurdet, so sollt ihr euch auch trennen bei Speise und Trank.«

Der Mann hatte aber noch vorher zu seiner Frau gesagt: »Du darfst dir, was dir am liebsten ist, mitnehmen in deines Vaters Haus.«

Was tat sie? Sie bereitete ein reiches Mahl und stellte es so an, daß der Mann übermäßig viel trank. Als er eingeschlafen war, winkte sie ihren Knechten und Mägden und gebot ihnen: »Hebt ihn von seinem Bette auf und tragt ihn in das Haus meines Vaters.«

Um Mitternacht erwachte der Mann aus seinem Schlaf, da der Wein von ihm gewichen war. Er sprach zu ihr: »Wo bin ich hingeraten?«

Sie antwortete: »Du bist im Hause meines Vaters«.

»Was soll ich da?«

Darauf die Frau: »Hast du mir nicht gesagt, ich dürfte, was mir das Liebste wäre, mit mir nehmen? Nun habe ich nichts Lieberes als dich!«

Als Rabbi Schimon bar Jochai von dieser Begebenheit hörte, betete er für die beiden, und sie wurden mit einem Kind gesegnet. (Emanuel bin Gorion, Geschichten aus dem Talmud, Frankfurt/M. 1966, S. 209).

Die Grundlehren

»Am Anfang schuf Gott Himmel und Erde« (1 Mose 1,1). Das erste Buch der Bibel beginnt nicht mit einem Gesetz, sondern mit einer theologisch-philosophischen Aussage, mit einem Bekenntnis. Ein einziger Gott, *Elohim,* die »Kraft aller Kräfte«, schuf das Sein. Spätere Denker erklären: Er schuf es aus dem Nichts. Darüber steht nichts im Text, der ohnehin mehr verschweigt, als er aussagt. Er will das Geheimnis bewahren; denn letztlich muß jedes Reden über Gott sehr bald ein Ende finden. Der Jude glaubt, daß es Gott gibt, aber er ist nicht imstande, ihn zu beschreiben. Eine Theologie, d.h. das »Wort über Gott«, fehlt eigentlich im biblisch-talmudischen Schrifttum. Dafür gibt es die sehr ausgeprägte Anthropologie, das »Wort über den Menschen«. Der Mensch ist Geschöpf des Weltenschöpfers, Teil der Natur und damit vergänglich, zugleich aber ragt er durch seinen Geist und sein Schaffen über die Natur hinaus. Er formt die Natur und erobert sie. Als Partner Gottes, in »Seinem Ebenbilde erschaffen« (1 Mose 1,27), hat er die Erde zu beschützen und für die Zukunft zu erhalten. Daß ihm diese Aufgabe mißlingt, weil er die Schöpfung Gottes nicht nur erobert, sondern auch ausbeutet – auf frevlerische Weise ausbeutet –, zeigt seine Schwäche.

Zeit seines Lebens ist der Mensch vor die Alternative gestellt »Leben oder Tod«, »gut oder böse«. Er muß sich immer aufs neue entscheiden. Der »Kampf zwischen dem guten und dem bösen Trieb« ist nie endgültig ausgefochten. Doch der Mensch kann ihn immer wieder bestehen. »Wer ist ein Held?«, fragt der Talmud. »Jener, der sich selbst bezwingt!« (Sprüche der Väter, IV, 1). Die biblisch-talmudische Anthropologie ist optimistisch. Der Mensch ist nicht dazu verurteilt, mit verschränkten Armen auf Ereignisse zu warten, die er nicht zu beeinflussen vermöchte. Es ist ihm möglich, das Gute zu erringen, wenn er voll und ganz für das Gute eintritt, und schließlich – so lautet die Wendung – »die Welt zum Königreiche Gottes zu verbessern«.

Gott und Mensch stehen nach talmudischer Lehre in einem »Vater-Sohn-Verhältnis«. Der Mensch vermag daher Gott nicht nur zu suchen, sondern auch zu finden. Gott ist da und antwortet, wenn sein Geschöpf ihm begegnen will. Der Kontakt ist jederzeit möglich. Der Weltenschöpfer wird damit zum Weltenlenker. Er hat sich nach dem Schöpfungsprozeß nicht in die Ferne zurückgezogen und die Beziehung zu seinem Werk abgebrochen. Er ist gegenwärtig und ansprechbar. Dem Menschen zeigt er die Richtung, die er einschlagen soll. Er gibt ihm die Weisung, in der Offenbarung des Sinai oder in der Verkündigung der Propheten. Der Mensch antwortet durch sein Tun.

Bibel und Talmud sind von Juden für Juden geschrieben worden. Deshalb spielt das jüdische Volk eine große Rolle in ihnen. Aber es sind keine chauvinistischen Bücher, die nur die Juden angingen. Israel sieht sich als Teil der Menschheit und will mithelfen, daß es auf unserer Erde besser wird. In den ersten Kapiteln der Bibel steht die Erzählung von Adam, dem Urvater aller Menschen. Mit Adam und nicht mit Abraham, dem ersten Juden beginnt die Bibel. Das ist kein Zufall, und der Talmud nennt die Gründe. »Weshalb hat Gott einen einzigen Menschen erschaffen?« Damit niemand sage: »Mein Urvater war größer als der deine.« (Mischna, Sanhedrin, IV, 5). Ehe es zur Aufsplitterung der Menschen in verschiedene Rassen und Nationen kommt, besteht die Einheit. Und von ihr aus leitet sich die umfassende und kompromißlose Menschlichkeit her. Im selben Text heißt es: »Wer einen einzigen Menschen vernichtet, vernichtet gleichsam die ganze Menschheit. Wer einen einzigen Menschen am Leben erhält, erhält gleichsam die ganze Menschheit.« Die unteilbare Nächstenliebe, die in jedem Menschen etwas Ursprüngliches und Einmaliges erkennt, wird hier gelehrt – wie anders sind die faschistischen Theorien, die den Staat über alles stellen und den Bürger seiner unverwechselbaren Individualität berauben! –, Nächstenliebe gründet also auf der Unteilbarkeit der Menschheit. Das fundamentale Gebot in 3 Mose 19,18: »Liebe deinen Nächsten als deinesgleichen«, erstreckt sich demnach auf *jeden* »Nächsten«. Wenige Verse danach wird dies zusätzlich betont: »Wie ein Einheimischer von euch sei euch der Fremde, der mit euch wohnt. Liebe ihn als deinesgleichen; denn ihr selbst seid Fremde in Ägypten gewesen.« Jude sein bedeutet: die Begrenzung der eigenen Gruppe und des eigenen Volkes durchbrechen und die gesamte Menschheit in das eigene Denken und Tun einbeziehen. Israels Aufgabe ist es, diese entscheidende Forderung richtungweisend zu erfüllen.

Im eigenen Land realisiert es die soziale Gerechtigkeit, beispielsweise in der Gemeinschaft des Bodenbesitzes, die zur periodischen Neuverteilung der Äcker führt, oder durch die für Mensch und Tier geltende Sabbatruhe. In einem 1939 veröffentlichten Brief an Mahatma Gandhi, den indischen Friedensapostel, schreibt der jüdische Philosoph Martin Buber: »Wir brauchen eigene Erde, um Gottes Gebot zu erfüllen. Wir brauchen die Freiheit, unser eigenes Leben zu ordnen; auf fremden Boden und unter fremder Satzung ist kein Versuch zu wagen. Es kann nicht sein, daß uns die Erde und die Freiheit zur Erfüllung versagt werden. Wir sind nicht begehrlich, Mahatma; wir wollen nur endlich gehorchen können« (»Der Jude und sein Judentum«, Köln 1963, S. 634). Buber hat Wesentliches festgehalten. Wer darum die Bedeutung des Landes Israel für das Volk Israel bezweifelt oder gar negiert – dies ist vor nicht allzu langer Zeit von Juden selbst getan worden –, verkennt die wirkliche Aufgabe Israels: nicht nur durch das Wort, sondern vor allem durch die Tat zu zeigen, wie ein nach dem Gottesgebot geführtes Leben aussehen kann. Mit der Rückkehr in die alt-neue Heimat und der Gründung des Staates Israel haben die Juden die Chance erhalten, dem Gotteswort nachzuleben. Der Auftrag wird aber nur dann gelingen, wenn der Staat der Juden auch zu einem wirklich jüdischen Staat wird.

Nach der Verheißung der großen Propheten werden die Juden aus der Zerstreuung wiederkehren, verwüstete Städte aufbauen, die Einöde zum Grünen bringen und von ihrem geistigen Zentrum auf dem Tempelberg zu Jerusalem aus der Welt Gottes Wort verkündigen. Jesaja spricht (2,4): Die Völker »werden ihre Schwerter zu Pflugscharen umschmieden und ihre Lanzen zu Rebmessern. Kein Volk wird gegen das andere das Schwert erheben und den Krieg (das Kriegshandwerk) nicht mehr erlernen.« Ein Friedensfürst, der Messias – das ist Gottes »Gesalbter« –, gewährleistet den Frieden. Die Rückkehr Israels ist Voraussetzung und gleichzeitig Anzeichen der großen Wende in der Weltgeschichte. Jesajas Verheißung beginnt sich zu realisieren. Israel baut seine Heimat auf. Aus der ganzen Welt kehren die versprengten Juden in das Land der Vorfahren zurück. Die Wüste wird angebaut und grünt auf weiten Strecken. Doch der Krieg ist nicht verschwunden. Probleme werden längst nicht nur am Verhandlungstisch ausgetragen, sondern immer auch noch auf dem Schlachtfeld. Jesajas lichtvoller Ausblick in die Zukunft harrt noch der Erfüllung.

Zum Menschenbild der hebräischen Bibel und des Talmud gehört nach Auffassung des Juden das Wissen um die jederzeit bestehende Willensfreiheit (5 Mose 30,19). Es gibt kein Fatum, kein unabwendbares Verhängnis. Und deshalb ist der Mensch für sein Tun verantwortlich. Er ist keine Marionette, er hält die Fäden selbst in der Hand. Gottes Geschöpf ist mündig, und nur durch diese Mündigkeit ist es auch wirklich ein Partner des Schöpfers. Wie immer sein Handeln aussehen mag – es hat dafür geradezustehen. Doch wenn es entscheiden kann, dann bleibt ihm auch die Möglichkeit eines steten Neubeginns. Die jüdische Ethik betont nicht nur die menschliche Verantwortlichkeit, sondern zugleich auch des Menschen Kraft zur *Teschuwa*, zur »Umkehr«. Wenn ein Mensch irrt, kann er den Irrtum beheben. Die »Sünde« ist nie vermeidbar; denn wenn einer handelt, handelt er oft auch falsch. Am schlimmsten wäre es freilich, er würde aus Angst vor der Sünde auf das Handeln verzichten. Dann fehlte auch die Wahl des Guten. Der aktiv werdende Mensch weiß, daß Gott seine Umkehr wünscht.

Der Prophet Ezechiel stellt die rhetorische Frage: »Habe ich etwa Wohlgefallen am Tode des Gottlosen, spricht Gott der Herr, und nicht vielmehr daran, daß er sich von seinem Wandel bekehre und am Leben bleibe?« (18,23). Leicht ist die Umkehr zu Gott allerdings nicht. Sie bedarf eines starken Willens und der Kraft, durchzuhalten. Doch dem Menschen wird geholfen. Die Weisen Israels lassen Gott so sprechen: »Meine Kinder, öffnet mir das Tor der Umkehr um eine Nadelspitze, und ich werde es euch so weit auftun, daß große Wagen einziehen können« (Canticum rabba, V, 3). Gott selbst ist gleichsam mit von der Partie, wenn der Mensch den ersten Anstoß zu einem Wandel gibt.

Fassen wir zusammen: Ein einziger, allmächtiger und unbegrenzter Gott schafft eine Welt, in welcher der Mensch eine dominierende Rolle spielt. Er ist Partner des Schöpfers und damit für die Zukunft der Schöpfung verantwortlich. Gott, der der Welt für immer verbunden ist, zeigt dem Menschen die Richtung, in die er gehen soll. Er offenbart ihm seinen Willen und möchte, daß der Mensch ihn befolgt. Dank seines Denkens und Tuns und der Möglichkeit, jederzeit eingespurte Wege zu verlassen und einen besseren Pfad einzuschlagen, kann der Mensch der uneingeschränkten Mitmenschlichkeit und – mit ihr verbunden – dem Zeitalter des umfassenden Weltfriedens näherkommen. Die messianische Ära ist keine Utopie, sie braucht jedenfalls keine zu sein. Dem jüdischen Volk obliegt die spezifische

Aufgabe, durch sein Wirken im eigenen Land Recht und Gerechtigkeit zu verwirklichen und anderen Völkern ein Beispiel zu setzen. Weil die jüdische Ethik jeglichen Rassismus aufs entschiedenste ablehnt, ist die Nächstenliebe auf alle Menschen ausgedehnt. Der Nächste ist immer jener, dem ich gerade begegne, ungeachtet seiner Hautfarbe, seiner Religion und seiner Nationalität.

Jeder Jude weiß sich auf dem Weg. Der Weg hat ein Ziel, doch viele Stolpersteine erschweren das Gehen. Nur Mut und der Glaube, daß das Ziel erreichbar ist, helfen dem Wanderer.

Leben und Gesetz

Nach alter Zählung besitzt die jüdische Religion 613 Vorschriften: 248 Gebote und 365 Verbote (b. Makkot, 23 b). Viele dieser Gesetze stehen mit dem Opfer- und Priesterdienst in Zusammenhang und können deshalb seit der Zerstörung des Tempels durch die Römer im Jahr 70 d.Z. nicht mehr befolgt werden. Die übrigen sind in Kraft und werden vom praktizierenden Juden beachtet. Er bewegt sich gleichsam in einem von den göttlichen Vorschriften bestimmten Koordinatensystem.

Muß ein Leben nach dem Gesetz nicht schrecklich sein? Was der Jude tut – immer befindet er sich, nach der talmudischen Ausdrucksweise, innerhalb der »vier Ellen der Halacha«, der religiösen Satzung. Das Erstaunliche ist in der Tat, daß er diese Halacha mit Freuden auf sich nimmt. *Ohne* die Gesetze wäre sein Dasein trostlos, *mit* ihnen wird es von Glück erfüllt. Die *»Simcha schel Mizwa«,* die »Freude am Gebot«, begleitet sein Handeln. Selbst am *Jom Kippur,* am Versöhnungstag, an dem er von Abend zu Abend auf jegliche Nahrung zu verzichten hat, fehlt die Freude nicht. Nur an den Trauertagen, die an geschichtliche Katastrophen erinnern, kann sie nicht aufkommen, was verständlich ist.

Die Gesetze schränken das Leben ein, aber sie bieten ihm auch den notwendigen Schutz. Steht es in Gefahr – wie beispielsweise an einem Sabbat, an dem nicht gearbeitet werden darf, aber eine akute Notlage entstanden ist –, so fallen die Einschränkungen dahin. Die Entweihung des Heiligen Tages ist in einer solchen Situation nicht nur gestattet, sondern dringendste Pflicht. Nur bei den drei Kardinalverbrechen – bei Götzendienst, Mord und Blutschande – kann die Gefahr nicht durch ein Übertreten des Verbots aufgehoben werden. In der Tat sind unzählige Juden zu allen Zeiten für ihren Glauben in den Tod gegangen. Ein Märtyrerschicksal war ihnen lieber als die Verleugnung ihres Judentums, als die Absage an den Gott ihrer Väter. Und daß man das eigene Leben nicht auf Kosten eines fremden retten darf, macht der Talmud mit der Frage deutlich: »Wer sagt dir, daß dein Leben röter (d.h. kostbarer) ist als das Leben des anderen, vielleicht ist das Leben des anderen röter als das deine?« (b. P'sachim, 25 b). Gegen einen Attentäter oder einen Feind im Krieg darf sich der Jude freilich zur Wehr setzen. Denn wer ihn unmittelbar bedroht, hat nun seinerseits das Leben verwirkt. Die Argumentation verläuft hier in der entgegengesetzten Richtung: »Wer sagt denn, daß sein Leben röter ist ... Vielleicht ist das deine röter als das seine!« Der Schutz des eigenen Lebens, das als Gabe Gottes angesehen wird, ist nicht minder wichtig als der Schutz des fremden. Deshalb ist auch der Selbstmord vom jüdischen Gesetz her verboten, auch die Selbstverstümmelung.

Wenn ein Jude nach den Vorschriften seines Glaubens lebt, so nicht, weil er muß, sondern weil er will. Niemand wird gezwungen, in die Synagoge zu gehen oder *»kaschér«* zu essen, d.h. die Speisegesetze einzuhalten. Wenn er sich nicht nach dem Sabbatgebot richtet, so wird ihn kein Polizist – auch im Staat Israel nicht – ins Gefängnis stecken. Im Altertum war es zwar anders: auf Sabbatentweihung stand die Todesstrafe, und sie wurde, soweit der Täter von zwei Zeugen verwarnt und nach einem Prozeß verurteilt worden war, auch vollstreckt. Doch längst haben sich die Dinge gewandelt. Der Staat Israel ist kein theokratisches Staatswesen. Selbst der atheistische Jude kann sein Bürger sein und nach seiner eigenen Überzeugung leben.

Mit dem Verzicht auf die alte Strafgerichtsbarkeit hat sich Grundlegendes geändert: Judesein bedeutet heute das *freiwillige* Akzeptieren eines auf die Gottesoffenbarung am Sinai zurückgeführten Gesetzeskodex. In Freiheit verzichtet der Jude auf seine Freiheit und unterstellt sich einem höheren Willen. Es gibt zwar nicht wenige, die Gott aus Furcht vor der Strafe dienen, gleichsam vor einem Blitzstrahl, der sie trifft, wenn sie eine Satzung mißachten. Sie haben die höhere Stufe noch nicht erreicht: den Dienst aus Freude und in innerer Freiheit. Ihn gilt es zu erstreben.

Vor bald fünfzehnhundert Jahren ist der Talmud veröffentlicht worden. Die jüdische Religion hat sich seither – wie alles Lebendige – entwickelt. Ein reiches Brauchtum ist entstanden, von dem die Talmudweisen noch nichts gewußt haben. Doch am Kern des Glaubens und seiner Realisierung im Leben der Gemeinschaft und des einzelnen hat sich kaum etwas geändert. Judentum von heute ist im Wesentlichen identisch mit dem Judentum zur Zeit des Jesus aus Nazaret, der selbst ein frommer Jude gewesen ist. Wohl fehlt der Tempel, allein das Gebet ist geblieben. Wie schmerzlich der Untergang des Heiligtums auch empfunden wurde – das Volk hat ihn überdauert. Die Weisen haben es rechtzeitig auf die Diasporasituation vorbereitet, auf die Existenz jüdischer Gemeinschaften inmitten einer oft feindlichen und immer andersgearteten Umwelt. Statt der eigenen staatlichen Autorität wird das Wort des Rabbiners, des Schriftgelehrten, zur unbedingten Autorität. Auch in der Fremde weiß der Jude, was zu geschehen hat. Er verzweifelt nicht, weil er den Sinn seines Lebens nicht in Frage stellt. Gott hat das Exil über ein sündiges Volk verhängt, Gott wird dieses Exil auch wieder beenden. Der Jude hoffte stets auf die Wiederherstellung des Vernichteten, auf den Bau eines neuen Tempels an jener Stelle, an der der frühere gestanden hatte, und auf die endgültige Erlösung seines Volkes und der ganzen Menschheit. Und diese Hoffnung hat ihn auch in den schlimmsten Stunden begleitet. Bis zur Gegenwart.

Im Frühling begeht er *Pessach,* das Osterfest, das ihn an die Befreiung des alten Israel aus Ägypten erinnert. Sieben Wochen später liest er an *Schawuot,* an Pfingsten, die Zehn Gebote der Bibel und hört vom einstigen Brauch, die Erstlingsfrüchte zum Zeichen der Dankbarkeit für das gute Land, in dem »Milch und Honig« fließt, als Opfergabe in den Tempel zu bringen. Er feiert *Sukkot,* das Laubhüttenfest, in Erinnerung an die Wüstenwanderung unter Moses, und sitzt während einer Woche in einer provisorischen, mit Laub bedeckten Hütte. Daß er an diesem Fest um Regen für das Heilige Land bittet, obschon es dort, wo er wohnt, möglicherweise in Strömen regnet, kümmert ihn wenig. Die Erinnerung ist ihm wichtig, weil nur aus der Erinnerung heraus ein Wandel erreicht werden kann. Es ist darum durchaus kein Zufall, daß dieser Wandel sich seit über achtzig Jahren vor unseren Augen abzuzeichnen beginnt.

Nur ein Volk, das sich selbst aufgibt, ist verloren. Die Juden zeigen, wie ein Überleben möglich ist. 1897 gründet der Journalist Theodor Herzl in Basel die Zionistische Organisation. Er erstrebt die politische Lösung der Judenfrage und legt mit seiner Dynamik den Grundstein zum neuen Judenstaat, der fünfzig Jahre danach Wirklichkeit wird. Hier wird dann die Infrastruktur geschaffen, auf der sich jüdisches Leben entfalten kann, auch ohne bisherigen Tempelbau in einer erstaunlichen Vielfalt. Der Bogen zur Antike ist gespannt. Zweitausend Jahre der Anomalie eines heimatlosen Volkes sind beendet. Das Judentum kann von neuem erblühen. Dank jenen, die in dunklen Jahrhunderten ihren Glauben nicht verraten und die Hoffnung auf eine bessere Zeit nicht preisgegeben haben.

Betrachten wir kurz jüdisches Brauchtum unter der Überschrift »Von der Wiege bis zum Grabe«. Wenn ein Knabe zur Welt kommt, wird er – wenn er gesund ist – im Alter von acht Tagen beschnitten. Bei einer Erkrankung muß die Beschneidung verschoben werden. Seit den Tagen Abrahams gilt die Beschneidung, die *Brit Mila,* als Symbol der nie aufgekündigten Bindung zwischen Gott und Israel. Mit zwölf Jahren wird ein Mädchen *»Batmizwa«,* Tochter des Gesetzes, d.h. in religiöser Hinsicht volljährig und für das Tun im Glauben verantwortlich. Der Knabe folgt ihr als *»Barmizwa«,* als Sohn des Gesetzes, ein Jahr später. Die Zeitdifferenz beruht auf der früheren körperlichen und seelischen Reife des Mädchens.

Bei der Hochzeit, die in Ländern, die die Ziviltrauung kennen, erst nach der Zivilehe erfolgen darf, amtiert der Rabbiner. Braut und Bräutigam stehen unter der *Chuppa,* einem Baldachin, der das neu gegründete Haus darstellt. Die Eheschließung, die im Judentum trotz der Segenssprüche, die zu sprechen sind, kein Sakrament ist, wird vor zwei Zeugen eingegangen. In einem von diesen Zeugen unterschriebenen Ehevertrag wird die Ehefrau vor einer allfälligen Willkür des Mannes geschützt und im Falle einer Scheidung vor Mittellosigkeit bewahrt. Die Frau besitzt eine gehobene Stellung, und zwar von alters her. Nach dem biblischen Ausdruck ist sie die »Hilfe für den Mann« (1 Mose 2,18), seine Partnerin. Der Talmud hat in wunderschönen Maximen ihre Rolle gewürdigt. Ein Rabbi beispielsweise nennt seine Gattin nie »Frau«, sondern immer nur »mein Haus«, mein »Heim« (b. Schabbat, 118 b). Ein anderer gibt den Ratschlag: »Liebe die Gattin wie dich selbst und ehre sie mehr als dich selbst!« (b. J'wamot, 62 b). »Wenn die erste Frau eines Mann stirbt, so vergießt sogar der Altar im Tempel Tränen« (b. Gittin, 90 b), heißt es in einem Text.

Die Erziehung der Kinder ist Aufgabe von Vater und Mutter. Bereits die Bibel erhebt die Forderung: »Höre, mein Sohn, auf den Mahnspruch deines Vaters und verachte nicht die Lehre deiner Mutter« (Sprüche Salomos 1,8). Trotz Religionsunterricht und bisweilen auch jüdischer Tagesschule nimmt in vielen Ländern die totale Assimilation der jüdischen Jugend an die Umwelt bedrohliche Ausmaße an. Aus dem einfachen Grund, weil die Erziehung im Elternhaus längst nicht mehr den Anforderungen entspricht. Die Folge davon ist nicht zuletzt völlige Indifferenz dem eigenen Glauben gegenüber. In manchen Ländern ist daher auch die Mischehenzahl sehr groß: bis zu sechzig

Prozent aller Ehen, an denen ein jüdischer Partner beteiligt ist. Ist die Mutter jüdisch, so gelten auch die Kinder als Juden, und zwar als Volljuden. Halbjuden gibt es aus jüdischer Sicht nicht. Entweder man ist Jude oder man ist es nicht. Die Kinder einer solchen jüdischen Mutter finden zumeist den Anschluß an die Glaubensgemeinschaft. Ist jedoch die Mutter Christin, so gehen die Kinder in den weitaus meisten Fällen dem Judentum verloren.

Jüdisches Brauchtum ist auch beim Hinscheiden eines Menschen wichtig. Die Erdbestattung – eine Kremation ist vom Gesetz nicht vorgesehen und wird von strenggläubigen Juden schärfstens abgelehnt – findet im Gemeindefriedhof statt, auf schlichteste Weise, ohne Prunk; denn im Tod sind alle Menschen gleich. Das Totengewand ist für alle weiß. Schmuck wird nicht beigegeben. Der Sarg besteht aus einfachem Holz und darf keinen Silberbeschlag besitzen. Blumen auf den Gräbern werden in manchen Gemeinden zugelassen, in anderen wiederum nicht. Dasselbe gilt auch für Kränze. Nach der Beerdigung begeben sich die Hinterbliebenen ins Trauerhaus. Während einer Woche sitzen sie auf niederen Stühlen. Die Männer rasieren sich nicht. Täglich findet des Morgens und des Abends ein Gottesdienst im Trauerhaus statt. Die Gemeinde beweist den Angehörigen, daß alle an ihrem Leid teilnehmen. Bei jeder Gelegenheit, so auch bei der Bestattung und im Trauerhaus, wird der Bedürftigen gedacht.

Die Wohltätigkeit in allen Formen ist zentrales Anliegen. Der Talmud erklärt: »Die Aufnahme von Gästen und der Besuch von Kranken, die Ausstattung einer mittellosen Braut und die Teilnahme an Beerdigungen sind Dinge, die durch kein Maß beschränkt sind« (b. Schabbat, 127 a). Je umfassender sie gepflegt werden, desto besser ist es.

Ein Leben im Gesetz und durch das Gesetz macht das Dasein des Juden aus. Er trägt ein Joch, aber er leidet nicht. Gott dient er in Freude, und er weiß zugleich, daß der Gehorsam Gottes Willen gegenüber seinem Leben die eigentliche Tiefe gibt, das innere Glück, auf das es ankommt.

Jesus im Talmud

Jesus von Nazaret hat seinen jüdischen Glauben und seine Zugehörigkeit zum jüdischen Volk nie in Frage gestellt. Als Rabbi, als Interpret der Heiligen Schrift, zieht er durchs Land, um den unter Roms Herrschaft leidenden Juden Trost zu spenden. Die Zeit ist nicht mehr fern, so spricht er, da die endgültige Erlösung beginnen wird: das Gottesreich der messianischen Friedenszeit. Jesus will die Gesetze der jüdischen Lehre nicht aufheben, sondern erfüllen (Mt 5,17), d.h. in ihrer ganzen Fülle sichtbar werden lassen. Die Menschlichkeit steht für ihn, wie für einen Hillel, der ein halbes Jahrhundert vor ihm gelebt hat, im Zentrum. Das Wort aus 3 Mose 19,18: »Liebe deinen Nächsten als deinesgleichen«, bildet auch nach Jesus die Quintessenz des Judentums (Mt 22, 34–40). Neben dem Gebot aus 5 Mose 6,4: »Höre, Israel, der Herr ist unser Gott, der Herr ist einzig. Und du sollst lieben den Herrn, deinen Gott, mit deinem ganzen Herzen, mit deiner ganzen Seele und mit deiner ganzen Kraft.«

Den Römern ist Jesu Wirksamkeit ein Dorn im Auge. Ein Mann, von dem die Leute sagen, er sei der mit großer Sehnsucht erwartete Messias, der König der Juden, kann ihrer Herrschaft gefährlich werden. Im Bund mit dem Hohepriester Kaiphas und Vertretern des Obersten Gerichts, des Synhedrions, das damals vorwiegend aus reaktionären Sadduzäern und nicht aus den weltoffenen, dem einfachen Volke nahestehenden Pharisäern besteht, suchen die Römer den Weltverbesserer Jesus loszuwerden. Auf Geheiß des Prokurators Pontius Pilatus, eines besonders blutrünstigen Mannes, wird Jesus in der Nacht zum Vorabend des jüdischen Pessachfestes verhaftet und nach kurzem Prozeß von römischen Soldaten ans Kreuz geschlagen. Ein Märtyrer mehr stirbt den grausamsten Tod, den die Römer zu bereiten wußten. Er stirbt mit einem Psalmwort auf den Lippen: »Mein Gott, mein Gott, warum hast du mich verlassen?« (Ps 22,2; Mt 27,46; Mk 15,34).

Um ein jüdisches Todesurteil kann es sich nicht gehandelt haben. Nach der biblisch-talmudischen Prozeßordnung darf ein Gerichtsverfahren nur bei Tageslicht stattfinden. Zudem ist die

Hinrichtung am Rüsttag eines Festes verboten. Schließlich erfolgt die Verurteilung aufgrund einer Selbstbezichtigung Jesu und nicht nach der Aussage zweier zuverlässiger Zeugen. Und weshalb hätte man ihn töten sollen? Weil er sich als Messias ausgegeben hat? Das hätte doch mit Jubel begrüßt werden müssen! Oder hat er das jüdische Gesetz mißachtet und den Sabbat entweiht? Nach eigener Angabe will er aber das Gesetz gerade nicht mißachten, sondern erfüllen. Es überrascht aufgrund dieser Fragen nicht, daß der frühere israelische Oberrichter Chaim Cohn in einem hebräisch geschriebenen Buch (»Prozeß und Tod des Jesus von Nazaret«, Tel Aviv 1968) über den Prozeß Jesu die These vertritt, ein jüdisches Gerichtsverfahren gegen ihn habe in Tat und Wahrheit gar nicht stattgefunden. Es ist hier nicht möglich, die einzelnen Argumente Cohns anzuführen. Doch soviel steht fest, daß die römischen Usurpatoren den Schuldspruch gefällt und das Urteil vollstreckt haben. Daß die Nachwelt Pontius Pilatus total entlastet und den Justizmord den Juden – und zwar global allen Juden aller Zeiten – anlastet, ist ein Unrecht für sich. Als Gottesmörder werden die Juden durch die Welt gejagt und zu Millionen umgebracht. Im Namen Jesu, der die Liebe gepredigt hat. Aus einer angeblichen Kollektivhaftung wurde eine Kollektivschuld konstruiert und aufgrund der Kollektivschuld der Kollektivtod gefordert. Noch immer wartet das jüdische Volk auf das umfassende Schuldgeständnis der christlichen Kirche ...

Schriftliche Augenzeugenberichte aus der Zeit der Ereignisse fehlen. Das Neue Testament mit seinen diversen Schriften ist erst nach Jesu Tod entstanden. Was ist historisch, was ist nachträgliche Zutat, Ausschmückung einer späteren Gemeinde? Die neutestamentliche Wissenschaft sucht jeweils die Historizität abzuklären. Naturgemäß fallen die Antworten der Gelehrten nicht einheitlich aus.

Wie steht es nun um die Texte aus dem Talmud, die von Jesus handeln? Zunächst zeigt sich dieselbe Schwierigkeit wie beim Neuen Testament: Im Talmud fehlen die Augenzeugenberichte. Das Grundbuch der Mündlichen Lehre, die Mischna, ist um das Jahr 200 d. Z. veröffentlicht worden, die Protokolle der Diskussionen über die Mischna um 400 in Palästina und um 500 in Babylonien. In einer umfassenden Monographie mit dem Titel »Jesus von Nazareth in der talmudischen Überlieferung« (Darmstadt 1978) hat Johann Maier, Professor für Judaistik in Köln, dargelegt, daß es im Talmud keine echten Stellen über die

Person und das Schicksal Jesu gibt. Die wenigen Texte sind in einer Zeit eingeschoben worden, da die antichristliche Polemik der jüdischen Gesetzeslehrer entsprechende Hinweise aus dem Talmud notwendig erscheinen ließ. Wörtlich heißt es bei Johann Maier: »... das rabbinische Interesse am frühen Christentum (war) weitaus geringer als gemeinhin angenommen wird. Selbst im 4. Jahrhundert, als das Christentum im römischen Reich die Macht errang, hat das Judentum Palästinas allem Anschein nach noch immer im Heidentum seinen eigentlichen Gegner gesehen und den Abfall zum Götzendienst als schlimmste Form der Abtrünnigkeit gewertet. Erst im Verlauf der repressiven byzantinischen Religionspolitik im 5., 6. und 7. Jahrhundert (vor der arabischen Eroberung) hat das Christentum, mit der römisch-byzantinischen Weltmacht gleichgesetzt, für das Judentum die apokalyptische Fratze des 4. Danielschen Weltreichs und den Charakter des Götzendienstes angenommen« (S. 273).
Mit anderen Worten: Die Mehrheit des jüdischen Volkes suchte sich von der Minderheit zweifellos zu distanzieren, von jenen Messiasgläubigen, die in Jesus den bereits erschienenen Erlöser verehrten, sich im übrigen aber an die jüdischen Gesetze hielten. Mit der jüdischen Bibel in der Hand wollten die beiden Lager die Richtigkeit ihrer Überzeugungen beweisen: die einen, daß Jesus der von den Propheten verheißene Messias sei, die anderen, daß die Ankunft des Messias nach wie vor auf sich warten lasse. Die Christusgläubigen wurden in die Defensive gedrängt und an der Teilnahme am Gemeinschaftsgebet gehindert. Sie galten wegen ihrer Lehre von der Gottessohnschaft Jesu als Leugner des monotheistischen Glaubens und damit als Häretiker. Im innerjüdischen Konflikt blieben die Altgläubigen zunächst einmal Sieger. Als dann aber das Christentum seinen national bestimmten Charakter durch die Aufnahme von Heiden aufgab und im 4. Jh. zur Staatskirche des Römischen Reiches wurde, stempelte dieses die Juden zu den von Gott Verworfenen ab. Getragen von der politischen Macht, konnte das Christentum seine Feinde gesellschaftlich isolieren und ächten.
Jeder Druck erzeugt einen Gegendruck. Auf die kirchliche Verdammung reagierte die Synagoge mit einer bissigen Polemik. Ihre Verachtung der Christen schloß die Verachtung des Juden Jesus mit ein. Jesus sei, so behaupteten sie, im Ehebruch gezeugt worden, im illegitimen Verhältnis seiner Mutter Mirjam-Maria mit dem römischen Soldaten Pandera. Wie der Kirchenvater Origenes zu berichten weiß, hat auch der im 3. Jh. lebende

heidnische Philosoph Celsus die angeblich üble Herkunft kolportiert. In den pseudo-talmudischen Abschnitten wird weiter mitgeteilt, Jesus sei wegen »Volksverführung« und »Zauberei« – wohl ein verklausulierter Hinweis auf seine Wundertaten – vor dem Pessachfest gesteinigt und anschließend an den Galgen gehängt worden. Also gesteinigt und nicht gekreuzigt! Und nicht ihm allein sei dieses verdiente Geschick zuteil geworden, sondern auch seinen – nicht näher bezeichneten – fünf Schülern Matai, Naqai, Nezer, Buni und Toda (b. Sanhedrin, 43 a). So wird es denn streng verboten, im Namen des Jeschu, des Sohnes des Pandera, Kranke zu heilen. Wörtlich: »Man lasse sich nicht von Ketzern heilen, selbst wenn es um die letzte Lebensstunde geht« (b. Awoda Sara, 27 b). Es fällt auf, daß trotz dieser beschämenden Mitteilungen Jesus nirgends mit einem Schimpfnamen versehen wird. Er heißt Jeschu oder Jeschua, das bedeutet wie das ältere Jehoschua (Josua) »Gott ist die Hilfe«.

Die talmudische Legende wird das ganze Mittelalter hindurch weitererzählt und schließlich in einer polemischen Schrift, in den Toldot Jeschu, der »Familiengeschichte von Jesus«, mit neuen Einzelheiten den Lesern angeboten. Ihr historischer Wert ist gleich Null.

Vor bald hundertfünfzig Jahren hat sich ein Umschwung vollzogen. Jüdische Leben-Jesu-Forscher beschäftigen sich seither intensiv mit Jesus und dem Christentum. In einer überaus informativen Schrift, die erstmals 1938 in Uppsala erschienen ist, hat Gösta Lindeskog »Die Jesusfrage im neuzeitlichen Judentum« darzustellen versucht. Es geht, so wird deutlich, nicht mehr um einen Angriff auf die andere Religion, sondern um Verständnis, insbesondere um die Suche nach dem Juden und Christen Gemeinsamen und Trennenden. Jesus wird zur Klammer der beiden Religionen. Die sogenannte »Heimführung Jesu ins Judentum« ist manchen jüdischen Wissenschaftlern ein wichtiges Anliegen. Männer wie Franz Rosenzweig, Martin Buber, Joseph Klausner, Leo Baeck und Pinchas Lapide oder die im heutigen Staate Israel lebenden Gelehrten David Flusser und Schalom Ben-Chorin zeigen durch ihre Arbeiten, daß sie das Phänomen Jesus gerade aufgrund ihrer intensiven und genuinen Kenntnis des Judentums zu deuten vermögen. So leisten sie einen Beitrag dazu, daß aus der jüdisch-christlichen »Vergegnung« – diese sprachliche Neubildung stammt von Martin Buber – endlich echte Begegnung werden kann: aus dem Streitgespräch ein Dialog, aus dem Verkennen ein Erkennen.

Vom Talmud zum kodifizierten Gesetz

Um das Jahr 500 d. Z. erschien der Babylonische Talmud (vgl. S. 17). In fünfzehn Bänden sind die während drei Jahrhunderten in den Hochschulen Babyloniens geführten Debatten über Fragen des jüdischen Religionsgesetzes prägnant und kurzgefaßt protokolliert. Das in der Heiligen Schrift verankerte Wort Gottes ist transparenter geworden. So weiß der Jude, der den Talmud studiert, nun beispielsweise nicht nur, daß er am Sabbat nicht arbeiten darf. Davon hat er bereits bei der Lektüre der Zehn Gebote im 2. und 5. Buch Mose und in weiteren biblischen Stellen Kenntnis. Es wird ihm vielmehr auch deutlich, nach welchen Kriterien der Begriff der Arbeit definiert wird, und er lernt verstehen, auf welche Tätigkeiten er am Sabbat zu verzichten hat (S. 14f.).
Allein, bei aller theoretischen Erhellung der Gesetzesfragen schließt eine Talmud-Diskussion nur selten mit der Bemerkung: *»Wehilcheta ke-Rabbi«* (»die Halacha, die Entscheidung, folgt der Ansicht von Rabbi XY«). Zumeist bleibt die Halacha offen. Im Lauf der Zeit kristallisieren sich allerdings bestimmte Grundsätze heraus. Zum Beispiel: Man richte sich in der Praxis nach der erleichternden Ansicht der Schule Hillels und nicht nach der strengeren der Schule Schammais. Oder: Bei Diskussionen zwischen Raw und Schmuel ist die Meinung von Raw maßgebend, bei jenen zwischen Rawa und Abajje die von Rawa usw. Wird eine Bestimmung anonym mitgeteilt, so gewinnt sie autoritative Gültigkeit. Oft genügen freilich die Richtlinien nicht, und die Frage, wie die tägliche Praxis des frommen Juden aussehen soll, ist nicht zu beantworten.
Die Gelehrten der späteren Jahrhunderte springen hier in die Bresche. Der Talmud – der umfangreichere Babylonische mehr als der hundert Jahre zuvor publizierte Palästinensische – ist für sie Ausgangspunkt eigentlicher Gesetzbücher. Mit profunder Kenntnis des talmudischen Materials und einer erstaunlichen Kraft des Deduzierens und des Abstrahierens scheiden sie zwischen Wesentlichem und Unwesentlichem, zwischen Bleibendem und Vergänglichem. Ein Kodifizierungsprozeß beginnt, der Jahrhunderte andauert und zahlreiche systematisch aufgebaute

Nachschlagewerke des jüdischen Rechts entstehen läßt. Keines von ihnen stimmt mit dem zweiten völlig überein; denn sein Verfasser hat in selektiver Weise ihm wesentlich erscheinende Ansichten der talmudischen Meister zur Norm erhoben. Bis zum heutigen Tag ist eine in allen Details einheitliche Halacha ausgeblieben. Wer beispielsweise im Staat Israel das Brauchtum der orientalischen Juden mit jenem der europäischen vergleicht, wird sehr schnell auf die Unterschiede stoßen. Sie sind allerdings nicht gravierend und führen nicht zu einem Schisma innerhalb der gesamtjüdischen Gemeinschaft. Im Gegenteil: Durch die Vielfalt und Verschiedenartigkeit gewinnt das reiche Brauchtum des Volkes noch mehr an Leben und Dynamik.

Soweit wir wissen, ist der um die Mitte des 8. Jh. d. Z. im babylonischen Sura lebende Rabbi Jehudai der erste, der mit seinen *»Halachot p'sukot«,* seinen »Gesetzesentscheidungen«, den künftigen Weg vorzeichnet. Der Autor hält sich wortgetreu an talmudische Aussagen und sucht die Quintessenz der Debatten zu resümieren. Rund hundertfünfzig Jahre später veröffentlicht der irakische Jude Rabbi Schimon Kajjara die *»Halachot g'dolot«,* die »großen Entscheidungen« – ein Werk, das wegen seines klaren Aufbaus und einer Einleitung, die sich mit Glaubensfragen beschäftigt, rasch populär wird. In Süditalien, dem ersten Zentrum europäisch-jüdischer Gelehrsamkeit, entsteht um die Mitte des 9. Jh. der Kodex *»Halachot k'zuwot«,* »die klar bemessenen Entscheidungen«. Der Verfasser ist unbekannt. Hier werden Bräuche der süditalienischen Juden mit einbezogen. Mit der Tätigkeit des im nordafrikanischen Fez wirkenden Rabbi Isaak Alfasi (1013–1103) ist ein Höhepunkt erreicht. Sein *»Sefer hahalachot«,* »Buch der Gesetze«, ist wegen seiner vortrefflichen Klarheit ein Meisterwerk. Es bietet einen Querschnitt durch den gesamten Babylonischen Talmud und berücksichtigt bei seinen Entscheidungen zugleich den Palästinensischen Talmud. Manche schwerverständlichen Passagen gewinnen durch Alfasis Interpretation an Klarheit. Bis heute wird sein Werk von den Talmudstudenten zu Rate gezogen.

Rabbi Mosche ben Maimon, Moses Maimonides, wird 1135 im spanischen Cordoba geboren. Als Dreizehnjähriger ist er mit seiner Familie auf der Flucht vor den Almohaden, die seine Geburtsstadt erobert haben. Neun Jahre lang irren die Flüchtlinge durch Spanien, möglicherweise auch durch Südfrankreich, bis sie in Fez eine Bleibe finden. Moses studiert Medizin und schreibt in arabischer Sprache einen Kommentar zur Mischna.

1165 verläßt Maimonides vermutlich wegen eines allzu großen Missionseifers der islamischen Bewohner diese Stadt und gelangt nach einem kurzen Aufenthalt in Palästina ins ägyptische Fostat (Altkairo). Hier werden seine außergewöhnlichen medizinischen Fähigkeiten rasch erkannt. Maimonides wird Leibarzt des Sultans und Experte auf dem Gebiet der Giftkunde. Zugleich ernennt ihn die jüdische Gemeinde zu ihrem geistlichen Oberhaupt. Mit einzigartiger Ausdauer widmet sich der Gelehrte neben seinem Arztberuf einer umfassenden literarischen Arbeit. Täglich besucht er den Herrscher und betreut danach eine große Praxis, in der die Ärmsten unentgeltlich behandelt werden. Selbst am Sabbat. Seine Bücher schreibt er in der Nacht oder wenn er einmal auf Reisen ist. In fünf Bänden publiziert er seine *»Mischne Tora«,* die »Wiederholung der Lehre«, in der das gesamte jüdische Gesetz in klassischem Hebräisch und auf höchst übersichtliche Weise zusammengefaßt wird. Ein Werk des Alters, der *»More Newuchim«,* der »Führer der Unschlüssigen«, zeugt von der philosophischen Tiefe des von Aristoteles stark beeinflußten Denkers. Der »Goldene Mittelweg« ist auch Maimonides die stets einzuschlagende Richtlinie im täglichen Verhalten. 1204 stirbt der große Arzt und Gelehrte, der Hunderte von Gutachten geschrieben und mit vielen Gemeinden im Orient, in Nordafrika und in Europa korrespondiert hat. Die Juden seiner Zeit bezeugen ihm seine Verehrung mit dem Lobspruch: »Von Moses bis Moses stand keiner auf wie Moses«. Moses Maimonides wird mit Moses, dem Führer Israels in Ägypten und während der Wüstenzeit, verglichen.
Freilich hat auch Maimonides seine Gegner. Sie werfen ihm Eigenmächtigkeit vor: bei der Niederschrift der »Mischne Tora« habe er auf die talmudischen Texthinweise verzichtet und sich damit zur unanfechtbaren Autorität emporschwingen wollen. Auch das philosophische Werk wird angegriffen und verketzert und von Fanatikern in Südfrankreich sogar verbrannt. Dem bleibenden Ruhm des Angefeindeten haben diese Angriffe keinen Abbruch getan. Maimonides gilt zu Recht als der bedeutendste jüdische Gelehrte des Mittelalters.
Mit ihm ist die Kodifizierung der Halacha freilich nicht zu Ende. Im spanischen Toledo schreibt der Zeitgenosse des Maimonides, der in Deutschland geborene Rabbi Ascher ben Jechiel, seine Responsen (vgl. S. 49ff.) und den Kommentar zum Talmud mit den vielen Gesetzesentscheidungen. Sein Sohn, Rabbi Jakob, verfaßt vier Bände über die Halacha, denen er den

Titel gibt: *»Arba'a Turim«,* »die vier Reihen«. Zu diesen »Arba'a Turim« verfaßt der große Gelehrte aus Safed, Rabbi Joseph Karo (1488–1575), einen Kommentar und – darauf aufbauend – den jüdischen Gesetzeskodex par excellence, den *»Schulchan Aruch«.* Der Titel bedeutet »Gedeckter Tisch«. Wer wissen will, wie er im täglichen Leben zu handeln hat, braucht nicht den Talmud zu konsultieren, sondern kann sich an den »Gedeckten Tisch« setzen. Das vierteilige Werk behandelt das ganze Spektrum jüdischer Praxis in der Diaspora. Weil es den Opfer- und Priesterdienst nicht mehr gibt, fehlen die diesbezüglichen Vorschriften, die nur noch von theoretischem Interesse wären. Maimonides ist seinerzeit in diesem Punkt anders verfahren. Er hat auch solche Gebote und selbst weltanschauliche Probleme einbezogen.

Kein Zweifel, Karos »Schulchan Aruch« ist das bis heute vom orthodoxen Juden als bindend erachtete Gesetzeskompendium. Mit entsprechender Modifikation allerdings. Ein führender Rabbiner des polnischen Judentums, der von 1525–1572 lebende Rabbi Moses Isserles aus Krakau, studiert den »Schulchan Aruch« aufmerksam und kritisch und fügt Tausende von Randbemerkungen und Ergänzungen unter dem Titel *»Mappa«,* »Tischdecke«, zum »Gedeckten Tisch« hinzu. Während sich die orientalischen Juden nach Karos Meinung richten, berücksichtigen die okzidentalen auch jene von Isserles. Einen Abriß des »Schulchan Aruch« hat im 19. Jh. der ungarische Rabbiner Salomo Ganzfried verfaßt. Sein »Kizzur Schulchan Aruch« hat größte Verbreitung gefunden und kann wegen der leichten Sprache ohne Mühe auch von Laien verstanden werden. Zudem ist er in viele Weltsprachen übersetzt worden.

Vom Talmud zum kodifizierten Gesetz, von den Diskussionen über gesetzliche Fragen bis zum fixierten Paragraphen, der für verbindlich angesehen wird, führt ein langer Weg. Der Weg ist noch nicht zu Ende. Wohl sind wichtige Meilensteine gesetzt worden: die vielen Kodizes, die, jeder auf seine Weise, versuchen, die Ethik Israels klar und übersichtlich zusammenzufassen. Im Detail fehlt die Einheitlichkeit, weil es wohl Autoritäten gibt, aber nicht *die* Autorität, die von allen anerkannt würde. Die Zukunft wird zeigen, ob es je zu einem gesamtjüdischen Konsens kommen wird, ob ein neues Gesetzbuch erscheint, das die brennenden Fragen der Gegenwart mitberücksichtigt: ein Gesetzbuch für den Juden der Diaspora und für den religiös motivierten Bürger des modernen jüdischen Staates.

Die Heilige Lade, in der die Schriftrollen (Tora) stehen. Vor der Lade hängt der Vorhang. Die Krone symbolisiert die »Krone der Tora«. Darunter befinden sich die Bundestafeln mit den Zehn Geboten, die gleichsam von Löwen geschützt werden.

Dieser Junge feiert seine Barmizwa im Alter von dreizehn Jahren. Er ist jetzt »Sohn des Gesetzes« und verpflichtet, sich an die Vorschriften des Judentums zu halten. Mit Freude trägt er die Torarolle.

Segensspruch vor der Lesung aus der Rolle. Am Montag und Donnerstag wird während des Morgengottesdienstes ein kleiner Abschnitt vorgesungen. Die Frommen tragen den Gebetsmantel (Tallit) und die Gebetsriemen (Tefillin) mit dem Gehäuse, in dem Texte aus der Tora enthalten sind.

Blick in die von Hand durch einen Tora-Schreiber beschriftete Pergamentrolle mit den Fünf Büchern Mose.

Titelblatt eines Talmud-Traktats. Hier der »Traktat Sabbat aus dem Babylonischen Talmud«.

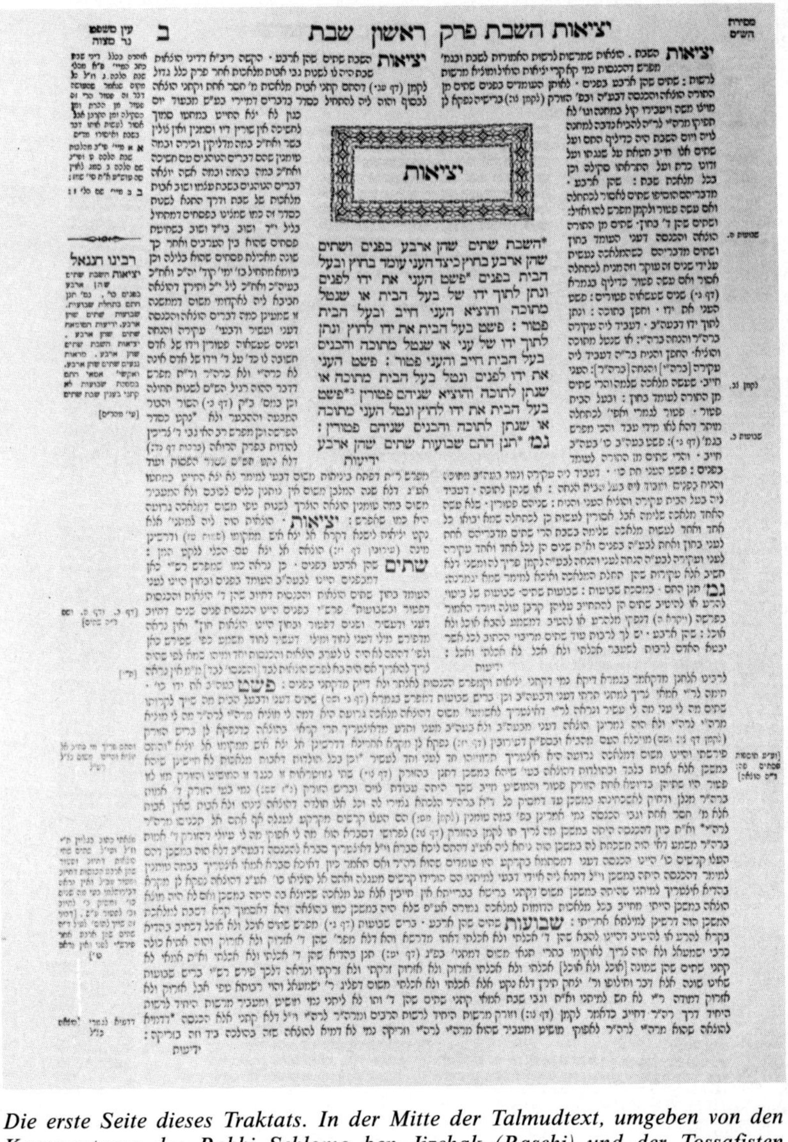

מסורת הש״ס יציאות השבת פרק ראשון שבת ב עין משפט נר מצוה

יציאות

יציאות השבת שתים שהן ארבע בפנים ושתים שהן ארבע בחוץ כיצד העני עומד בחוץ ובעל הבית בפנים פשט העני את ידו לפנים ונתן לתוך ידו של בעל הבית או שנטל מתוכה והוציא העני חייב ובעל הבית פטור: פשט בעל הבית את ידו לחוץ ונתן לתוך ידו של עני או שנטל מתוכה והכניס בעל הבית חייב והעני פטור: פשט העני את ידו לפנים ונטל בעל הבית מתוכה או שנתן לתוכה והוציא שניהם פטורין פשט בעל הבית את ידו לחוץ ונטל העני מתוכה או שנתן לתוכה והכניס שניהם פטורין: גמ׳ תנן התם שבועות שתים שהן ארבע ידיעות

רבינו חננאל

Die erste Seite dieses Traktats. In der Mitte der Talmudtext, umgeben von den Kommentaren des Rabbi Schlomo ben Jizchak (Raschi) und der Tossafisten (links).

In den Gymnasien der staatlich-religiösen Richtung ist Talmudstudium Pflichtfach. Dieser Oberschüler repetiert zu Hause sein Pensum. Er trägt die »Kippa« (Käppchen), Zeichen der Demut vor Gott.

Junge Schüler einer orthodoxen Talmudschule in Jerusalem. Aufgrund des biblischen Verbots, die »Ecken eures Haupthaars« abzuschneiden (3 Mose 19, 27), lassen sie die Schläfenlocken (»Pejes«) lang wachsen.

Die »Responsenliteratur«

»Es lehre uns unser Meister: Im Hofe eines Juden steht eine Dattelpalme, nahe bei einer Mauer neben der Straße. Sie wächst schnell und breitet sich immer mehr aus. Wir befürchten, daß im Winter, wenn es stürmt und regnet, Passanten durch abbrechende Zweige zu Schaden kommen. Zudem werden während der Reifezeit der Datteln Steine auf den Baum geworfen, damit die Früchte herunterfallen. Auch da ist eine Gefährdung von Menschen nicht auszuschließen. Dürfen wir den Baum fällen?«

Das Sendschreiben, das diese Frage enthält, war an Maimonides gerichtet. Der Absender ist unbekannt, doch des Meisters Antwort ist erhalten. Maimonides schreibt: »Man muß den Baum fällen, damit – Gott behüte! – niemand in seinem Umkreis verletzt wird. Zudem gewinnt der Besitzer Platz in seinem Hof. Die Bibel hat 5 Mose 20,19 nur das *sinnlose* Umhauen eines Fruchtbaumes untersagt. Damit würde man nämlich zum Zerstörer der Natur und überträte das Verbot: Vernichte ihren Baumbestand nicht!«

Kurz und bündig erteilt Maimonides seine Lehre. Hier und in den Hunderten von Responsen (»Antworten«), die aus seiner Feder stammen. Jüdische Gemeinden in aller Welt und auch Privatpersonen bitten ihn um seinen Rat, weil sie in einem wichtigen Problem des Talmuds und des Religionsgesetzes nicht Bescheid wissen.

Maimonides ist freilich nicht der einzige und vor allem nicht der erste Experte, der um eine Auskunft angegangen wird: Berühmte Meister sind auch zuvor schon um ihre Ansichten gebeten worden. Der Talmud selbst berichtet von dem Gelehrten Samuel, der in Fragen aus dem Bereich der Speisevorschriften von Rabbi Jochanan unterrichtet sein wollte. Er habe so viele Fragen aufgeschrieben, daß er für den Transport der Notizen dreizehn Kamele (hebr. *g'malim*) beladen mußte (b. Chulin, 95 b). In einigen Talmudhandschriften ist freilich nicht von »g'malim«, sondern von »g'wilim«, Pergamentrollen, die Rede. Danach hätte Samuel dreizehn Rollen beschrieben und sie an Rabbi Jochanan gesandt. Diese Leseart ist naheliegender.

Aus talmudischen Texten erfahren wir, daß zwischen den palästinensischen und babylonischen Akademien ein reger Briefwechsel bestanden hat. Dies allerdings erst, seit gegen die Niederschrift der Mündlichen Lehre nicht mehr opponiert wurde. Anfänglich hieß es nämlich, wer die Mündliche Lehre niederschreibt, hat die Tora, »Gottes Weisung«, gleichsam verbrannt. Wegen des im Verlauf der Jahrhunderte stark anwachsenden Materials und der unsicheren politischen Situation – die Römer hatten Palästina besetzt und regierten mit einer starken Hand – wurde der Widerstand gegen die Niederschrift aufgegeben. Anders wäre der Gefahr des Vergessens nicht zu begegnen gewesen. Der schriftliche Austausch von Gedanken, der nunmehr einsetzen konnte, hat zugleich den Vorteil, daß die Lehren präzise formuliert werden mußten.
Mit der Veröffentlichung des Palästinensischen und des Babylonischen Talmuds war ein wichtiger Schritt getan. Jetzt blieb die Kenntnis der Überlieferung nicht auf die Lehrer und Studenten der Hochschulen beschränkt. Die vielen in der Diaspora lebenden Juden konnten sich eine Abschrift des Werkes beschaffen und die Lehre Gotte selbst studieren. Sie bedurften dazu der Kenntnis der aramäischen Sprache und vieler Interpretationen des nicht leicht verständlichen Textes. Solche Erklärungen wurden von den ortsansässigen Rabbinern gegeben. Wo der Stoff auch ihrem Verständnis dunkel blieb, mußten sie nachfragen. Sie schrieben ihre Probleme auf und ließen die Briefe durch Kuriere nach Babylonien bringen. Die babylonischen Talmudschulen wurden von einem *Gaon* geleitet. Gaon ist Ehrentitel und bedeutet »Exzellenz«. Der Hochschuldirektor las die verschiedenen Anfragen seinen Kollegen vor und bat um ihr Einverständnis zu seinem Lösungsvorschlag. Die Antwort trug daher in der Regel die Unterschrift aller Experten. Wenn eine rasche Aufklärung nötig war, entschied der Gaon nach eigenem Ermessen. Die Briefe wurden mehrmals abgeschrieben und archiviert. Glücklicherweise; denn auf diese Weise sind sie der Nachwelt erhalten geblieben – gewiß nicht alle, aber ein beträchtlicher Teil. In einem Aufbewahrungsraum, der sogenannten *Genisa* der ehemaligen jüdischen Gemeinde in Kairo, konnte man im letzten Jahrhundert sehr viele solcher Responsen entdecken. Daß es gerade in Kairo geschah, beruht auf der Tatsache, daß der Weg der Boten oftmals über dieses bedeutende Zentrum der Judenheit führte. Die dortigen Juden kopierten die Schreiben für eigene Zwecke, aus echtem Interesse an

den Problemen. Es liegt dermaßen viel Material vor, daß die Edierung bis heute noch nicht abgeschlossen ist.
Im Jahr 1038 stirbt der letzte der Gaonen: *Gaon Hai.* Die staatlichen Behörden mit dem Kalifen von Bagdad an der Spitze schließen die jüdischen Hochschulen. Die Hegemonie des anerkannten Zentrums jüdischer Gelehrsamkeit ist zu Ende, das Talmudstudium allerdings nicht. In Spanien, Frankreich und Deutschland bilden sich neue Stätten des Lernens und Forschens. Rabbi Schlomo ben Jizchak, genannt Raschi, von Troyes in der Nähe von Paris, verfaßt einen leicht verständlichen Kommentar zum Talmud, ohne den keiner wirklich in die Tiefe der Problematik einzudringen vermag. Seine Enkel weisen auf Unstimmigkeiten und Schwierigkeiten in seinen Ausführungen hin und beantworten die Fragen in harmonisierender Weise in den *»Tossafót«,* den »Ergänzungen«. Inzwischen erscheinen die ersten Gesetzeskodizes, die die Halacha, die gesetzlichen Normen, aufgrund der talmudischen Diskussionen übersichtlich darstellen und ungelöste Probleme entscheiden. Nicht zufällig ist es ein Gaon, der im 8. Jh. wirkende Rabbi Jehudai, der mit seinen *»Halachot p'sukot«,* seinen »Gesetzesentscheiden«, den Anstoß zur Niederschrift von Gesetzbüchern gibt. Wer dank seiner profunden Kenntnis des Talmuds Responsen verfassen kann, ist auch zur Sammlung vorhandener und zur Ableitung neuer Gesetzesentscheide imstande.
Wer wandte sich an einen anerkannten Gesetzesinterpreten, wer wendet sich noch heute an ihn? Zunächst die Verantwortlichen der Gemeinden, die bei einem Problem aus dem Alltag Bescheid wissen möchten. Beim Brief an Maimonides, der von der Dattelpalme handelt, ist es bezeichnenderweise nicht der Besitzer des Baumes, der die geistige Autorität angeht. Die Anfrage beginnt mit den Worten: »Es lehre uns unser Meister.« Hier frägt die Gemeinschaft, oft fragen allerdings auch Privatpersonen.
Heutzutage werden die *»Sch'elót ut'schuwót«,* die »Fragen und Antworten«, in Zeitschriften oder separaten Werken publiziert. Die technische Entwicklung und wissenschaftliche Forschung führt zu neuen Problemen. Beispielsweise im medizinischen Bereich: Erlaubt das jüdische Gesetz die Geburtenkontrolle, den Schwangerschaftsabbruch, die Leichensektion, die Organtransplantation, die künstliche Befruchtung? Die Antworten sind nicht einheitlich. Jeder Rabbiner, der eine Meinung äußern will, muß die talmudischen Quellen und frühere Responsen, die ge-

wisse Anhaltspunkte zu geben vermögen, studieren und seine eigene Ansicht nach bestem Wissen und Gewissen begründen. In günstigen Fällen gehört er einem rabbinischem Gremium an, in dem Wissenschaftler mit rabbinischem Wissen mitarbeiten. Dann gewinnen seine Äußerungen an Gewicht.

Im Staat Israel erläßt das Oberrabbinat wichtige Entscheidungen, die freilich nur für die Bürger des Staates und nicht für die Juden in aller Welt gelten. Doch weil es zwei Oberrabbiner gibt – für den aschkenasischen und sephardischen Teil der Bevölkerung, d.h. für die westlichen und die orientalischen Juden je einen –, entbehren auch die Erlasse des Oberrabbinats sehr oft der eindeutigen Verbindlichkeit.

Faszinierend an der Responsenliteratur ist der Ernst, mit dem die vielen Probleme behandelt werden. Jeder Rabbi weiß um die hohe Verantwortung, die sein Amt ihm auferlegt. Er sieht sich als Glied einer langen Kette von Gesetzeslehrern, die sich in die Schriften des Judentums vertieft und immer wieder nach dem Sinn des am Sinai offenbarten Gotteswortes geforscht haben. In der Mischna (Traktat »Sprüche der Väter«) heißt es im Eingangswort: »Moses empfing die Tora am Sinai und gab sie an Josua weiter, Josua an die Volksältesten und die Volksältesten an die Propheten. Die Propheten an die Männer der Großen Synode.« Der Rabbi der Gegenwart, der diese Tora, diese Gotteslehre, aufnimmt und neu interpretiert, weiß sich in die alte Tradition hineingestellt.

Der Talmud bei den heutigen Juden

In den Hunderten von Bet- und Lehrstuben Jerusalems stehen an den Wänden hohe Bücherregale. Nicht zur Dekoration! Morgens vor oder nach dem Gottesdienst oder auch während des Tages bis spät in die Nacht hinein sitzen die Frommen hinter Talmudfolianten und den vielen anderen Werken des Glaubens, um täglich aufs neue die Lehre Gottes zu studieren. Einzeln oder, öfters noch, zu zweit folgen sie den Diskussionen, die vor bald zweitausend Jahren in den Akademien Palästinas und Babyloniens geführt worden sind. Das Verstehen dieser Diskussionen ist nicht leicht und bedarf größter Konzentration. Allein mit entsprechender Schulung und der Kenntnis der aramäischen Sprache kann das Ziel erreicht werden. Wer zum erstenmal eine solche Bet- und Lehrstube betritt, fühlt sich vom Lärm irritiert. Anders als in einer Universitätsbibliothek, wo auf größte Stille geachtet wird, unterhalten sich die Menschen in diesem Raum mit erheblicher Lautstärke. Und wenn sie den Talmud studieren, tun sie es in einem seltsamen Singsang. Doch keiner stört sich am Wirrwarr der Stimmen. Im Gegenteil: es wäre die Stille, die ihm die Konzentration rauben würde. Jetzt wird er durch das Lernen der Vielen wie auf einer Welle mitgetragen.

Diesen frommen Juden ist das Studium des Talmuds nicht nur Pflicht, sondern ein wirklicher geistiger Genuß. Sie sind oftmals bereit, in großer Armut zu leben; denn die Güter der Welt bedeuten ihnen wenig. Wesentlich ist die Kenntnis der Gotteslehre, und in dieser Kenntnis sind sie Meister. Ihr Leben lang mühen sie sich um die richtige Interpretation der geheiligten Schriften, die für alle Zeiten – davon sind sie zutiefst überzeugt – ihre Gültigkeit behalten. Menschliches Denken ändert sich, doch das Wort Gottes hat für immer Bestand. Nach alter Weisung wollen sie daher »lernen und lehren, bewahren und ausführen« und dem Bekenntnis eines Gebetstextes gerecht werden: »Denn die Worte Gottes sind unser Leben und verbürgen Dauer unseren Tagen. So laßt uns über sie nachsinnen bei Tag und Nacht.«

Juden, die mit derart großer Intensität und Aufopferung der

Lehre anhängen, gelten als orthodox, d.h. als »rechtgläubig«. Weil indessen die jüdische Religion weniger auf die theoretischen Glaubenslehren Wert legt, die ohnehin keine dogmatische Kraft besitzen und daher auch im Falle ihres Leugnens nicht zu einer Exkommunizierung führen, als vielmehr auf das rechte Handeln, auf die praktizierte Gottes- und Menschenliebe, wäre eigentlich die Bezeichnung »orthoprax« vorzuziehen. »Recht handelnd« wollen diese Juden sein. Bei aller Unterschiedlichkeit im einzelnen – die »orthopraxen« Juden bilden durchaus keinen monolithischen Block innerhalb der Gesamtjudenheit – sind sie alle von der Unveränderbarkeit der Lehre überzeugt. Samson Raphael Hirsch, Frankfurt a.M., ein führender Rabbiner dieser Strömung im 19. Jh., hat es in einem Satz so formuliert: ». . . statt zu klagen, Gottes Wort sei nicht mehr zeitgemäß, dürfen wir nur die eine Klage kennen, daß die Zeit nicht mehr ihm gemäß sei«. Die Konsequenz liegt auf der Hand: Wenn die Lehre Israels keiner Veränderung unterworfen ist, dann muß sie – Hirsch spricht es mit großer Klarheit aus – »unverkürzt, ungemäkelt, unter allen Umständen« eingehalten werden (»Der Jude und seine Zeit, in: Gesammelte Schriften, Bd. 1, Frankfurt/M. 1902).
Für den orthopraxen Juden ist der Talmud und das sich aus ihm ergebende Religionsgesetz – vornehmlich niedergelegt in den Kodizes des Maimonides (12. Jh.) und des Rabbi Joseph Karo (16. Jh.) – die einzige Richtschnur seines Handelns. Als wahrer »Talmudjude« mißt er alle Erscheinungen der Gegenwart an den Maßstäben der Vergangenheit. Dank eines ihm vorgezeichneten Koordinatensystems findet jede Erscheinung ihren bestimmten Punkt. Sie läßt sich in ein unwandelbares System einordnen und damit kontrollieren. Im Trubel des politischen, sozialen und religiösen Geschehens gewinnt der orthopraxe Jude Sicherheit und seelische Ruhe.
Doch er zahlt einen Preis dafür, manche meinen: einen zu hohen Preis. Weil er sich gläubig dem Dogma von der Unwandelbarkeit der Lehre unterstellt, entbehrt er der historisch-kritischen Betrachtung. Das Judentum ist, so erklärt er, nicht in einem langsamen Entwicklungsprozeß zu dem geworden, was es heute ist. In einem entscheidenden Augenblick der Geschichte – bei der Offenbarung am Sinai – ist alles dagewesen, was je da sein wird. Der Satz des Predigers Salomo: »Es gibt nichts Neues unter der Sonne« (1,9), gilt nach ihm in vollem Umfang auch für den religiösen Bereich. Jedes Wort der Tora,

der fünf Bücher Mose, hat Gott dem die Lehre aufzeichnenden Moses diktiert. Dank dieser Verbalinspiration ist jeder Buchstabe der Tora hochheilig. Die fundamentalistische Einstellung verunmöglicht die Kritik des überlieferten Bibeltextes. Wissenschaftliche Bibelforschung wird in ihren Augen zur Gotteslästerung, der Forscher selbst zum Ketzer. »Orthopraxes« Judentum, das sich dann oft auch als »orthodoxes«, als »rechtgläubiges« versteht, wird unnachgiebig und ist zu keinem Kompromiß in religiösen Belangen bereit. Es gibt freilich auch viele orthopraxe Menschen, die sich die Weite des geistigen Horizonts bewahrt haben und mit großem Ernst die drängenden Probleme des Judentums und der ganzen Menschheit angehen.
Mit dem 19. Jh. vollzieht sich ein Wandel in der Haltung zur Tradition und damit auch zum Talmud. Nicht zufällig kämpft Samson Raphael Hirsch leidenschaftlich um das althergebrachte Glaubensverständnis. Seine Widersacher haben nämlich an Boden gewonnen. Männer wie Samuel Holdheim, Abraham Geiger und Leopold Zunz werden zu Wortführern des Reformjudentums. Sie erstreben zunächst die Reform in der Form. In der Synagoge sollen die Orgel, ein gemischter Chor aus Männern und Frauen, die deutsche Predigt und Gebete in der Landessprache Eingang finden. Zugleich setzt die historisch-kritische Erforschung des Traditionsgutes ein. Geiger und Zunz werden zu den Begründern der »Wissenschaft des Judentums«. Bibel und Talmud werden nach literarischen und überlieferungsgeschichtlichen Kriterien hin untersucht. Mit dem Resultat, daß angeblich veraltetes und den ethischen Vorstellungen der Zeit nicht entsprechendes Gedankengut ausgeschieden wird. Gebetstexte fallen dem Rotstift zum Opfer. Die Hoffnung auf eine Rückkehr nach Zion, die in den Gebeten oft wiederkehrt, fällt dahin. Der Messiasgedanke wird vom nationalen Hintergrund – Aufbau der alten Heimat in Palästina – gelöst und ins Universale verwässert. Der »Messias aus dem Hause Davids«, der erwartete Erlöser aus Fleisch und Blut, der in der Geschichte Israels und der Welt Wunderbares wirkt, wird durch die messianische Idee ersetzt: durch die Vorstellung von einem umfassenden Völkerfrieden, der sich ohne ein spezifisches Wirken des Volkes Israel und im Volke Israel vollzieht.
Die Reform des Judentums schüttet oft das »Kind mit dem Bade« aus. Zuletzt bleibt vom Judentum nur noch ein Rest übrig, der des spezifisch Jüdischen entbehrt und genausogut als Kern des Protestantismus angesehen werden könnte. Nicht zu-

fällig haben die Reformfreudigen sich den Protestantismus wegen seines Bruchs mit dem Katholizismus zum Vorbild genommen. Die Entfremdung vom lebendigen Judentum führt zu einer großen Zahl von Taufen. Ob die »schlechten« Juden zu »guten« Christen geworden sind, bleibe dahingestellt. Jedenfalls hat die Taufe – nach einem bissigen Wort des selber getauften Dichters Heinrich Heine – die Rolle eines »Entréebillets in die europäische Kultur« gespielt.
Mit der Zeit verliert die Reformbewegung ihre Schärfe. An die Stelle der traditionsfeindlichen Kritik tritt die objektive unvoreingenommene Betrachtung. Eine echte Bindung zum Glaubensgut und seinem Brauchtum stellt sich wieder ein. Wenn das Reformjudentum unserer Tage nach wie vor auf die prinzipielle Bereitschaft zur Kritik auch nicht verzichtet, so wird das alle Juden Verbindende, das Gemeinsame, betont. Der Radikalismus ist dem Verständnis und der Mäßigung gewichen. Auch an den Rabbinerseminarien der Reform wird der Talmud intensiv behandelt und neben ihm das Studium des Religionsgesetzes.
Eine Zwischenstellung zwischen »Orthodoxie« und Reform nimmt die in den Vereinigten Staaten um die Mitte des 19. Jh. begründete Konservative Bewegung eines Secharja Frankel, Solomon Schechter und Louis Finkelstein ein. Der *Conservative Judaism* sucht seinen Anhängern die Loyalität zum jüdischen Gesetz, der Halacha, zu vermitteln, bei gleichzeitiger Bejahung von Änderungen, soweit sie – nach der Erörterung ihres Werdegangs – mit gutem Gewissen verantwortbar erscheinen. Also gleichsam »Änderungen nach Maß« und nicht nur Änderung um der Änderung willen, Änderung nicht als Konzession an den sogenannten Zeitgeist. Welche Eingriffe in die Praxis statthaft sind und welche nicht, entscheidet der Rabbinische Rat der Bewegung. Von den »orthopraxen« Juden wird freilich – das sei ausdrücklich festgehalten – auch die konservative Richtung als Verfälscherin des echten Glaubens gebrandmarkt.
Auf die Vereinigten Staaten beschränkt ist der Rekonstruktionismus *(Reconstructionism)* des Mordecai M. Kaplan. Den Kern des Judentums sieht Kaplan nicht in Gott, sondern im Volk Israel. Das Volk entwickelte, so behauptet er, seine Gottesidee. Judentum sei weniger Religion als Zivilisation und müsse – neben der amerikanischen Kultur – in der Diaspora voll entfaltet werden. Das Religionsgesetz des Talmud ist wichtig, aber – so wörtlich – »nur gültig, soweit es dem einzelnen zur Orientierung im Leben dienen kann und der Gesamtheit als Lebenskraft zur

Verwirklichung eines ethischen Volkstums« (Judaism as a Civilization, New York [4]1967).
Die innerjüdische Auseinandersetzung um die Deutung der Überlieferung und ihren Stellenwert im Leben ist – wenn man es richtig bedenkt – wünschenswert. Ein Glaube, der nur ererbt und nicht erkämpft wird, ist schwach und leblos. Je höher die Wellen schlagen, desto gewisser ist es, daß ein kräftiger Wind weht. Die Windstille wäre der Zukunft des Judentums in höchstem Maße abträglich. Wenn nicht nur die altfrommen, sondern auch die reformerisch gesinnten Juden auf die Quellen zurückgreifen und neben der Bibel den Talmud und die vielen Werke der jüdischen Philosophie erforschen, so ist dies das beste Zeugnis für die schöpferische Kraft des jüdischen Glaubens.

Der Talmud im Staat Israel

Eine häufig gestellte Frage lautet: Ist der Staat Israel ein theokratischer oder ein laizistischer Staat? Verpflichtet das in der Bibel, im Talmud und den auf ihnen gründenden Gesetzbüchern jeden jüdischen Bürger, oder sind die alten Vorschriften bedeutungslos? Sind sie bestenfalls eine Angelegenheit des einzelnen, aber sicher nicht des Gemeinwesens?

Die Antwort auf diese Frage kann nicht mit Ja oder Nein beantwortet werden, sondern bedarf einer genaueren Erörterung. Im Bereich des Familienrechts z.B. sind die biblisch-talmudischen Satzungen zu staatlichen Ordnungen erhoben worden. Zuständig für Juden bei Eheschließungen und Ehescheidungen ist der Rabbiner, für Christen der Pfarrer, für Moslems der Kadi. Synagoge und Staat bzw. Kirche und Staat sind in diesem Bereich nicht getrennt. Anders beim sonstigen Zivil- und Strafrecht. Wohl muß ein Jurastudent der Hebräischen Universität die einschlägigen talmudischen Texte beherrschen, wenn er seine Prüfungen erfolgreich bestehen will. In einem Strafprozeß wird er sich allerdings nicht auf den Talmud, sondern auf israelische Gesetze zu stützen haben, auf eine Mischung von jüdischen, türkischen und englischen Gesetzesparagraphen. Diese Mischung ist Erbe aus der Zeit der Türken und der Briten, die vor der Gründung des Staates Israel, 1948, über das Land geherrscht haben.

Die Frage nach dem theokratischen oder laizistischen Gepräge des Staates ist demnach mit einem Sowohl-Als-auch zu beantworten. Das biblisch-talmudische Religionsgesetz nimmt zweifellos einen breiten Raum ein, aber es besitzt keine umfassende Geltung. Zudem ist der Staat Israel von seinem Grundgesetz her demokratisch. Das Volk wählt seine parlamentarischen Vertreter, und sie sind es, die über Annahme oder Verwerfung von gesetzlichen Bestimmungen zu befinden haben, nicht etwa der Stand von Geistlichen. Trotz der Bedeutung der Religion ist Israel ein demokratischer und nicht ein theokratischer Staat.

Es gibt Bezirke im täglichen Leben, in denen die Anwendung religionsgesetzlicher Verordnungen keinerlei Schwierigkeiten bereitet. Ob der einzelne Jude beispielsweise am täglichen Synagogengottesdienst teilzunehmen gedenkt oder nicht, ist seinem persönlichen Ermessen überlassen. Wer nicht in die Synagoge geht, hat dafür seine Gründe. Der Staat wird ihn zum Besuch des Gotteshauses nicht zwingen. Wenn er freilich als Kohen, als ein dem einstigen Stamme Levi zugehörender Priester, eine geschiedene Frau heiraten möchte, kommt er mit den geltenden Gesetzen des Familienrechts in Konflikt. Nach der Vorschrift aus 3 Mose 21,7 darf er – offensichtlich wegen seines gehobenen Status – eine solche Ehe nicht eingehen. Ist er sie dennoch eingegangen, so bleibt der Eheschluß freilich rechtsgültig. Dieses Gesetz galt, argumentieren viele Bürger Israels, für die Zeit, da der Priester auch wirklich priesterliche Funktionen im Tempelkult auszuüben und daher standesgemäß zu leben hatte. Seit zweitausend Jahren besteht der Tempel nicht mehr. Weshalb soll dann ein altes Gesetz noch beobachtet werden? Die Verfechter dieser Ansicht möchten die Zivilehe einführen, doch sind sie bisher trotz jahrzehntelanger Bemühungen erfolglos geblieben. Der Verzicht auf die biblisch-talmudischen Verordnungen müßte unzweifelhaft zu einem Schisma im Volk führen. Wer kann dieses wirklich wünschen? Daher bleibt alles beim alten.

Die Situation wird besonders heikel, wenn einer Bevölkerungsmehrheit Restriktionen abgenötigt werden, die sie ablehnt. So etwa im Straßenverkehr am Sabbat. Nach dem Religionsgesetz darf am wöchentlichen Ruhetag kein Auto benützt werden. In allen Städten des Landes – mit Ausnahme von Haifa – fahren am Sabbat in der Tat keine städtischen Autobusse. Die Eisenbahn stellt landesweit ihren Betrieb ein. Private oder halbprivate Verkehrsmittel werden jedoch überall zugelassen. Wer also einen eigenen Wagen hat, kann am Sabbat nach Herzenslust herumreisen. Wer nicht, muß sich ein Taxi nehmen oder zu Hause bleiben. Die ärmeren Kreise fühlen sich, wenn sie die traditionelle Sabbatruhe nicht einhalten wollen, verständlicherweise benachteiligt.

Bei allen Schwierigkeiten, die die Einpflanzung eines alten Rechtsbuches in einen modernen, demokratischen Staat mit sich bringt, ist es eine Tatsache, daß in Israel, mehr als anderswo auf der Welt, die Ethik des Judentums verwirklicht werden kann und auf weiten Strecken auch verwirklicht wird. Man sollte dabei aber nicht nur die Probleme sehen, sondern auch die positiven Fakten nennen. In allen Schulen des Landes – insbesondere in den staatlich-religiösen – wird die Bibel intensiv

unterrichtet, Abiturienten müssen eine umfassende Bibelkenntnis besitzen, um ihre Prüfungen zu bestehen. Neben der Bibel wird der Talmud in den Lehrplan einbezogen. Weil die Schüler Hebräisch als ihre Muttersprache sprechen, ist für sie das Verständnis der Texte weniger problematisch, wenngleich sich das moderne Hebräisch in Grammatik und Wortschatz von der Sprache der Bibel und der Mischna unterscheidet, ganz zu schweigen vom Talmud, der in Aramäisch verfaßt ist.
In den letzten Jahren ist ein gesteigertes Interesse an der jüdischen Vergangenheit festzustellen. Die Archäologie – Haupthobby vieler Israelis – ist das augenfälligste Zeichen dieses Interesses. Umgeben von Feinden wird für den heranreifenden jungen Menschen die Frage nach der eigenen Herkunft und Identität zu einem wichtigen Anliegen. Wer bin ich und welche Beziehungen besitze ich zu diesem Land und seiner geschichtlichen und religiösen Vergangenheit? Er möchte nicht nur in einer Gemeinschaft von Juden, sondern in einer jüdischen Gemeinschaft leben. So sucht er das, was ihm die alten Schriften an Wesentlichem mitteilen, im eigenen Dasein zu verwirklichen.
Die Folge ist eine verstärkte Bindung zum Brauchtum seiner Religion. Die Synagogen sind heutzutage unvergleichlich besser besucht als noch vor zehn Jahren. Die Talmudschulen erfreuen sich eines wachsenden Zulaufs. Insbesondere dann, wenn sie die Vorbereitung auf das staatliche Abitur ermöglichen und neben jüdischen auch weltliche Disziplinen unterrichten. Selbst die Armee ist von der positiven Entwicklung nicht ausgenommen. Suchten einst viele Talmudstudenten um einen Dispens von der langen Dienstzeit nach, so gewährt ihnen heute die Armee die Möglichkeit, den praktischen Dienst durch längere Aufenthalte in Talmudschulen zu unterbrechen. Sie gehören dann freilich nicht nur drei, sondern beinahe fünf Jahre dem aktiven Wehrdienst an und treten erst danach in die Reservetruppen ein. Die Verlängerung nehmen sie gern in Kauf.
Der moderne Staat mit seiner hochentwickelten Technik bringt es mit sich, daß in Industrie und Landwirtschaft viele Probleme auftauchen, die in religionsgesetzlicher Hinsicht wichtig sind. So ist es unmöglich, Hochöfen am Sabbat abzustellen, weil ihre Wiederinbetriebnahme mit riesigen Kosten verbunden wäre. Doch wie ist die Kollision mit dem Arbeitsverbot am Ruhetag zu verhindern? In der Landwirtschaft muß die Bewässerung bestimmter Plantagen auch am Sabbat erfolgen, weil sonst die

Früchte zugrunde gehen würden und der ganze Arbeitszweig unrentabel wäre. Wie ist dies zu bewerkstelligen? Rabbiner und Wissenschaftler arbeiten zusammen, um die anstehenden Fragen zu lösen. Die Computertechnik erleichtert es, praktikable Richtlinien zu finden, die alle Aspekte berücksichtigen.

Das jüdische Gesetz trägt dem Schutz von Leben und Gesundheit Rechnung. Es ist daher selbstverständlich und wird durch den Grundsatz »Lebensgefahr verdrängt den Sabbat« (vgl. S. 23) festgehalten, daß Ärzte, Krankenschwestern, Polizisten, Feuerwehrleute und Soldaten auch am Sabbat ihre Aufgaben erfüllen müssen, weil andernfalls ihr Verhalten unweigerlich zur Gefährdung menschlichen Lebens führte. Ein religiös eingestellter Arzt wird die Entweihung des Sabbat wirklich nur auf jene Extremfälle beschränken, bei denen die Gefahr akut ist oder akut werden könnte. Doch dann trifft er alle lebensrettenden Maßnahmen. Der Strenggläubige spricht im übrigen nicht: »Soll doch jemand den Sabbat entweihen, der ihn ohnehin zu entweihen pflegt.« Er selbst übertritt dann die Verbote, weil eine wichtigere Vorschrift – die Rettung des Lebens – ihm dies gebietet.

Viele Probleme sind im modernen Israel noch ungelöst oder umstritten. Das Religionsgesetz gibt oft keine eindeutigen Antworten. Viel guter Wille und ehrliche Aufgeschlossenheit, die auch »heiße Eisen« anzufassen bereit sind, und vor allem fundierte Sachkenntnis werden zu befriedigenden Ergebnissen führen. Die jüdische Lehre ist nach einem alten Wort eine Lehre des Lebens. Mehr als anderswo beweist sie im Staat Israel, daß sie es wirklich ist.

Talmud-Drucke

Von der Veröffentlichung des Babylonischen Talmuds um das Jahr 500 d. Z. bis zur Erfindung der Buchdruckerkunst 950 Jahre später stößt das Studium des umfassenden Werks der Mündlichen Tradition Israels auf eine große Schwierigkeit. Die Kopie der Texte durch die Schreiber ist sehr mühsam. Eine vollständige Abschrift des gesamten Werks mit seinen rund 2,5 Millionen Wörtern übersteigt die Arbeitskraft eines einzelnen. An den auch nach der Publikation des Talmuds noch jahrhundertelang bestehenden Hochschulen Babyloniens werden zwar von den Schülern oder von anerkannten Schreibern die handschriftlichen Exemplare verfertigt. Zum eigenen Gebrauch wie auch zum Versand an die jüdischen Gemeinden in aller Welt. Allein, die Nachfrage übersteigt das Angebot. So müssen denn lange Passagen auswendig gelernt werden, aus dem einfachen Grund, weil nicht jeder ein eigenes Buch besitzt. Angesichts der erstaunlichen Gedächtniskraft damaliger Menschen ist dies freilich leichter, als es heute wäre.
Manche Abschnitte, Traktate genannt, die für die Praxis von geringerer Bedeutung sind als andere, werden seltener kopiert und daher kaum gelernt. Der Lehrer des im 11. Jh. in Frankreich lebenden berühmten Talmudkommentators Raschi hat den Abschnitt Awoda Sara, der vom Götzendienst handelt, nie studiert, weil es ihm nicht gelang, ein Exemplar des Textes zu erstehen. Die häufigen Judenverfolgungen, die Konfiszierung talmudischer Schriften und ihre Verbrennung durch die Kirche hemmten die Verbreitung des Werks. Es grenzt an ein Wunder, daß das Studium des neben der Bibel als autoritativ erachteten Talmud nicht ganz abgewürgt worden ist.
Unablässig bemühen sich die Gelehrten an den Schulen um die Verbesserung der Talmudkopien. Wie sorgfältig eine Abschrift auch vorgenommen wird – Irrtümer sind nicht zu vermeiden. An dieser Krankheit leiden fast alle Schriften aus der Zeit vor dem Buchdruck. Selbst in der Bibel sind gewisse exegetische Probleme auf Schreibfehler zurückzuführen. In den Erklärungen Raschis kehrt die stereotype Formel häufig wieder: *»Hachi garsinan«*, so lesen *wir*. Ohne die jeweilige Korrektur könnte

der Meister den Sinn der Textstelle nicht richtig interpretieren. Nur grobe Versehen dürfen freilich im Text selber korrigiert werden. Raschis Enkel, Rabbenu Jakow Tam, warnt vor eigentlichen Eingriffen in die schriftliche Unterlage, selbst wenn der Zusammenhang dadurch verständlicher würde. Es könnte ja sein, daß der Text etwas anderes meint, und nur der Leser zum richtigen Verständnis nicht in der Lage ist. Rabbenu Tam fordert daher größte Zurückhaltung und ist der Ansicht, es sei richtig, die Änderungsvorschläge in einem Kommentar oder als Glosse am Rand der Seite anzubringen. Der Text dürfe nicht angetastet werden. Maimonides hat im 12. Jh. viel Mühe darauf verwendet, verschiedene Handschriften miteinander zu vergleichen und die beste Lesart bei umstrittenen Stellen herauszufinden. Damit hat er den Weg der modernen Talmudforschung vorgezeichnet.

Um das Jahr 1475 erscheint das erste gedruckte jüdische Buch: die Bibel, genauer: die fünf Bücher Mose mit der Erklärung von Raschi. 1482 folgt die erste Talmudausgabe. Druckort ist Guadalajara in Spanien. Nachdem von der Ausgabe nur einzelne Partien erhalten sind, bleibt unklar, ob es sich um einen vollständigen Talmuddruck gehandelt hat. Die Vertreibung der Juden aus Spanien im Jahr 1492 und kurz darauf aus Portugal führt zum Verlust dieses Erstlingsdrucks. Die vom Austreibungsedikt Betroffenen dürfen keine jüdischen Bücher mitnehmen. Sie lassen ihren Besitz zurück. Den Christen sind die hebräischen Werke unverständlich und zudem Produkte einer verabscheuungswürdigen Religion. Sie werden daher zur Konservierung des jüdischen Kulturguts nichts beigetragen haben.

Zwischen 1484 und 1519 drucken Josua Salomon und sein Neffe Gerschon in der norditalienischen Stadt Soncino einzelne Talmudtraktate. Eine komplette Ausgabe stammt aus der Drukkerei des Christen Daniel Bomberg in Venedig, der sich nach der offiziellen Genehmigung einer Ausgabe durch Papst Leo X. im Jahr 1520 an die Arbeit macht. Das Resultat ist bis heute bewundernswert und richtungweisend. Nach drei Jahren liegt der ganze Talmud vor, übersichtlich geordnet und mit Seitenzahlen versehen. Der Text ist in der sogenannten Quadratschrift in der Mitte der Seite abgedruckt. Der Kommentar des Raschi und die Glossen späterer Meister, die *Tossafot,* sind in den Schriftzeichen der orientalischen Juden neben und über dem Talmudtext beigefügt. Die qualifizierte Darstellungsweise wird von den späteren Editionen übernommen. Dank der konsequent durchgeführten Gliederung wird von dieser Zeit an der Quellenhinweis einheitlich. Vom 16. Jh. an erscheint der Talmud in zahlreichen Ausgaben. Die Gemeinden in Lublin, Basel, Krakau, Amsterdam oder Frankfurt an der Oder tragen zu Neudrucken bei. Wo die katholische Kirche mit ihrer Inquisition vor dem Protestantismus weichen muß, dürfen auch die Juden ihre Bücher ohne Einspruch von außen publizieren. Zudem entfallen die einschränkenden Zensurbestimmungen. Der Rotstift des katholischen Zensors strich nämlich immer wieder Textstellen, die mit Diskussionen über die Heiden in Zusammenhang standen, offensichtlich in der falschen Annahme, mit der Bezeichnung »Götzendiener« oder »Anbeter von Gestirnen« meine der Talmud auch die Christen.

Die beste und vom Druck her schönste Talmudausgabe der Neuzeit stammt aus Wilna von den Gebrüdern Romm (1. Auflage: 1835–1854). Dank moderner fotomechanischer Wiedergaben ist ihr Kauf sehr viel billiger geworden. Der Wilnaer Talmud steht daher in vielen Wohnungen traditionsbewußter Juden. Im Jahr 1969 hat der israelische Rabbiner Adin Steinsalz mit einer neuartigen Edition begonnen. Er erkannte, daß viele Israelis den Talmud gründlich erlernen möchten, jedoch nicht in der Lage sind, für längere Zeit eine der vielen Talmudschulen des Landes zu besuchen. So hat er den aramäischen Text ins Hebräische übersetzt. Erläuternde Hinweise erleichtern das Verständnis und geben einen Einblick in die nach dem Abschluß des Talmud getroffenen Entscheidungen. War bisher der Talmud selbst für Hebräisch Sprechende ein Buch mit sieben Siegeln, so sind diese Siegel nunmehr aufgebrochen. Mit ausreichender Geduld kann ein jeder dem talmudischen Gespräch folgen. Steinsalz hat allerdings auf die traditionelle Seiteneinteilung verzichten müssen, wohl der einzige Nachteil seiner äußerst begrüßenswerten Ausgabe.

Der Talmud im Taschenbuchformat? Auch ihn gibt es. Auf Dünndruckpapier sind mehrere Editionen erschienen. Im Autobus, in Wartezimmern von Behörden und Ärzten und an vielen anderen Orten in Israel sieht man fromme Juden, die diese handlichen Exemplare mit sich tragen und irgendeine Diskussion im Stillen repetieren.

Weit ist der Weg, den der Talmuddruck zurückgelegt hat. Von den wenigen, mit großem Fleiß angefertigten Handschriften zu den Massenauflagen einer Epoche, in der der Fotodruck ungeahnte Möglichkeiten erschlossen hat. Wenn oft abschätzig von Serienproduktionen mit ihrer Inflation des geschriebenen Wortes gesprochen wird, so darf doch hier der Wert der modernen Herstellungsweisen unterstrichen werden. Neben der Bibel ist der Talmud nicht nur das wichtigste, sondern auch das meistgelesene Werk des Judentums geworden.

Der Talmud im Licht der Kritik

Die Kritik am Talmud ist selten nüchtern und sachbezogen. Wie kaum bei einem anderen Werk der Weltliteratur wird das Urteil der Gelehrten und auch der Laien, die vom Talmud oft nur vom Hörensagen etwas wissen, in auffallender Weise emotional bestimmt: durch Sympathie und Antipathie zum Judentum und den Juden. Juden suchen in der Regel für den Talmud Partei zu ergreifen, in der verständlichen Absicht, sich vor Angriffen einer feindlich gesinnten Umwelt zu schützen. Nur zu oft nämlich ist die Polemik gegen den Talmud in die Verfolgung der Juden eingemündet. Zuerst wurden die Talmudfolianten verbrannt, daraufhin die Juden selber. Die Ablehnung des Talmud in jüdischen Kreisen geschah zum einen durch Renegaten, die den Glaubenswechsel zum Christentum vollzogen hatten und ihre Anhänglichkeit zur neuen Religion durch ein gerüttelt Maß an Ressentiments dem früheren Glauben und seinen Angehörigen gegenüber dokumentierten. Zum anderen waren es im 19. Jh. liberal-religiöse Kreise, die sich möglichst umfassend an abendländisch-christliches Denken und Brauchtum anzupassen suchten. Der ethische Kern des Judentums sollte wohl gewahrt bleiben, doch die Formen spezifisch jüdischen Lebens verschwinden. Der Talmud mit seiner Betonung jüdischer Eigenständigkeit war dabei lästig. Die minutiöse Ausarbeitung der Speisevorschriften beispielsweise, die in einem Traktat (Chulin) dargestellt ist, errichtete Schranken zur nichtjüdischen Gesellschaft und führte zur Isolierung des einzelnen Juden. Ein orthopraxer Jude konnte und kann sich nicht ohne weiteres bei nichtjüdischen Bekannten zum Essen einladen lassen, weil ihm der Genuß nicht rituell zubereiteter Speisen verboten ist. Zudem gibt es Tiere, etwa das Schwein, das Pferd oder auch Hummer, Krevetten und Kaviar, Schnecken und Austern und anderes mehr, die prinzipiell nicht auf seinem Speisezettel stehen dürfen.

Der von Judenfeinden und jüdischen Assimilanten geführte Kampf gegen den Talmud scheute vor keinem Mittel zurück. Im Extremfall wurde der Talmud – wie in Paris 1242 – den Flammen übergeben und in weniger gravierenden Situationen verunglimpft oder ins Lächerliche gezogen. So meinte Papst Johannes XXII. im Jahr 1320, die Christen mögen sich in acht nehmen vor den – so wörtlich – »Gotteslästerungen, Irrtümern, Verwünschungen und Falschheiten, die in dem Buch enthalten sind, das die Juden *Talmutz* nennen.« Der Gegenpapst Benedikt XIII. schrieb 1415 in seiner »Judenbulle«: »Der Anlaß zur Verblendung und Verhärtung der Juden ist besonders die böse Lehre, die, von einigen Söhnen Satans erfunden, unter dem Namen Talmud in verschiedenen Büchern geschrieben worden ist und die sie, um ihr größeres Ansehen zu geben, als von Gott dem Mose mündlich mitgeteilt hinstellen.« Nach Papst Benedikt XIII. hat demnach der Teufel seine Hand im Spiel gehabt.

Zu den heftigsten Gegnern des Talmud gehörte Johann Andreas Eisenmenger, der im Jahre 1700 ein – wie er sich ausdrückt – »Monumentalwerk« mit dem Titel »Entdecktes Judentum« veröffentlicht. Im Talmud stünden, sagt Eisenmenger, »viel greulich Gotteslästerungen und unvernünftige Anziehungen und Auslegungen der Heiligen Schrift, und viel Sachen, welche Gottes Wort schnurstracks zuwiderlaufen, . . . auch sind einige der talmudischen Lehrer gottlose und leichtfertige Leute gewesen, welche ein ruchloses und ärgerliches Leben geführet haben.« Wer auch nur ein wenig im Talmud Bescheid weiß, durchschaut die Absurdität solcher Anklagen. Gleichwohl hat Eisenmengers Werk eine große Verbreitung gefunden und bis in die Gegenwart hinein seine unselige Wirkung ausgeübt – am schrecklichsten in der nationalsozialistischen Hetzpropaganda, die auf dem »Handbuch der Judenfrage« (1933: 35. Auflage!) des Theodor Fritsch basierte.

Es charakterisiert die antitalmudische Polemik, daß sie Talmudzitate verstümmelt und entstellt. Wichtige Ausdrücke und Sätze werden aus dem Kontext herausgerissen und gelegentlich mit Passagen aus einem anderen Zusammenhang gekoppelt. Viele Wendungen werden absichtlich falsch übersetzt. In einem Prozeß gegen den Antisemiten August Rohling, der 1871 sein Buch »Der Talmudjude« publiziert hatte, bewies der österreichische Rabbiner Dr. Joseph Bloch, daß Rohling Talmudstellen gefälscht hatte. Er wurde bei seinen glänzenden Argumentationen von den zwei christlichen Theologen Theodor Nöldecke und August Wünsche unterstützt. Bloch gewann den Prozeß. In seinem über achthundert Seiten starken Buch »Israel und die Völker. Nach jüdischer Lehre« (Berlin/Wien 1922) hielt er Jahr-

zehnte später die wichtigsten Beweise gegen Rohling und andere judenfeindliche Autoren fest.
Zwei Beispiele. Rohling tischte seinen Lesern folgende Lüge auf: Für den Juden ist es »Recht, ja sogar Pflicht, die Nichtjuden, besonders die Christen, moralisch und physisch auf jede Weise zu schädigen, zu berauben, zu vernichten, so daß der Grundsatz gilt, das Leben des Nichtjuden (o, Jude!) ist in Deiner Hand, wie vielmehr sein Eigentum.« Bloch zitiert gegenüber dieser Verleumdung einen Talmudparagraphen: »Wer einen Nichtjuden, einen Goj, beraubt, muß es demselben wiedergeben.« »Die Beraubung eines Nichtjuden wiegt schwerer als die eines Israeliten, weil zusätzlich der göttliche Name entheiligt würde.« Weiter schreibt Rohling: »Wer das Blut der Gottlosen (d. h. der Nichtjuden) vergießt, sagen die Rabbiner, bringt Gott ein Opfer dar.« Bloch entgegnet: »Die Fälschung besteht darin, daß hier (bei der entsprechenden Talmudstelle) von Nichtjuden überhaupt keine Rede ist, sondern von einem getöteten jüdischen Frevler aus der Zeit Moses.«
In die Fußstapfen von Rabbiner Bloch trat Alexander Guttmann mit seiner Arbeit »Enthüllte Talmudzitate«, erschienen 1930 in Berlin, in einer Zeit des erstarkenden Nationalsozialismus und virulenten Antisemitismus. Auch Guttmann zeigt an vielen Beispielen, welcher Praktiken sich judenfeindliche Schriftsteller und angebliche Talmudforscher bedienten, um böswillig die Tatsachen auf den Kopf zu stellen. Das Traurige an der ganzen Sache ist, daß die jüdischen Verteidigungsschriften, so stichhaltig sie auch waren, gegen Vorurteil und Perfidie nicht aufzukommen vermochten. Die Feinde des Judentums wollten ja gar nicht argumentieren, sondern nur polemisieren. Es ging ihnen nicht um das Auffinden der Wahrheit, sondern um ihre Verfälschung. Schreckliche politische Schlagworte, pseudowissenschaftlich untermauert, sollten die unwissende Masse, die den Agitatoren oft nur zu bereitwillig Glauben schenkte, überzeugen, daß »die Juden unser Unglück sind«.
Eine objektive Talmudkritik muß das umfangreiche Werk ganz anders angehen. In der Gegenwart gibt es nicht nur im Staat Israel, sondern in aller Welt viele Lehrstühle für die sogenannte »Judaistik«. Was die jüdischen Begründer der »Wissenschaft des Judentums« im 19. Jh. in Deutschland begonnen haben – die historisch-kritische Erforschung des Judentums und seiner Literatur –, wird an den modernen Universitäten weitergeführt. Zu den Problemen, die behandelt werden, gehören die vielen

Fragen zur Entstehungs- und Überlieferungsgeschichte des Talmud. Aufgrund sprachlicher Kriterien werden die Texte analysiert. Der Vergleich verschiedener Parallelstellen weist auf den ursprünglichen Urtext hin und zeigt, wie sich Ansichten entwikkelt und gewandelt haben. Das Frühere scheint durch das Spätere hindurch. Die Entwicklung wird plastisch. Der Talmud ist nicht aus einem einzigen Stück gegossen, sondern in Jahrhunderten gewachsen. Eine sachgemäße Forschung wird immer wieder auch den historischen Hintergrund berücksichtigen. Was die Talmudweisen gelehrt haben, nimmt Bezug auf ihre Umwelt. Manch kämpferisches Wort wird relativiert, wenn der entsprechende Gegner bekannt ist. Was gegen einen Heiden und Polytheisten vor fünfzehnhundert Jahren gesprochen worden ist – und zwar in der Abwehr fremder Kultureinflüsse –, darf nicht unbesehen auf die Gegenwart übertragen werden. So macht sich z. B. jener, der die Wendung »Verehrer von Gestirnen« (Götzendiener) mit Christen gleichsetzt, einer groben Entstellung des eigentlichen Sinns schuldig.
Der Talmud war für das jüdische Volk von einzigartiger Bedeutung. David Ben Gurion, der erste Ministerpräsident des Staates Israel, hat in seinem 1971 erschienenen Buch »Erinnerung und Vermächtnis« den Talmud gewürdigt: »Sie (die Juden) haben durch den Talmud und durch ihre Traditionen eine Art bewegliche Heimat geschaffen, die sie während ihrer zweitausendjährigen Wanderungen zusammengehalten und die ihnen schließlich ermöglicht hat, heimzukehren in das Land ihrer Vorfahren.« Ben Gurion war Politiker und nicht Rabbiner, und er sagte von sich, er sei ein nichtreligiöser Jude. Um so schwerer wiegt sein Urteil. In der Tat! Ohne den Talmud hätte Israel die tausendfachen Gefährdungen nicht überlebt.

Warum Christen etwas vom Talmud wissen sollten

Zwei Gründe sind es, warum Christen etwas vom Talmud wissen sollten. Erstens lernt der Christ im Talmud jenen geistig-religiösen Hintergrund kennen, auf dem sein eigener Glaube gewachsen ist. Jesus von Nazaret war Jude, ein frommer Jude, der in seinem Leben die Gesetze seiner Religion zu erfüllen trachtete. Wer darum um Jesu Ansichten wissen will, muß um die Ansichten der Juden seiner Zeit wissen. Zweitens ist die Kenntnis des Talmud Voraussetzung eines echten Gesprächs zwischen Juden und Christen. Nach Jahrhunderten der Verketzerung und völligen Verzeichnung des Juden und seiner Religion durch die Kirche ist endlich die Zeit angebrochen, in der ein Dialog zwischen zwei gleichberechtigten Partnern möglich wird. Eine echte Diskussion bedingt aber die genaue Kenntnis der anderen Meinung, ihrer Ausgangsposition und ihrer Argumente. Fehlt diese Voraussetzung, so reden die Diskutierenden aneinander vorbei. Statt eines Dialogs führt ein jeder einen Monolog.

Im jüdisch-christlichen Gespräch wird das Auffinden einer gemeinsamen Sprache, einer echten Kommunikation, besonders wichtig; denn die zu besprechenden Themenkreise stehen in ein- und demselben Buch: in der hebräischen Bibel, die die Juden *Tanach,* die Christen *Altes Testament* nennen. Deutet der Christ das Alte Testament vom Neuen her, in einer Retrospektive, die die alttestamentlichen Verheißungen als Wegweiser auf Jesus als den angekündigten Messias, den Erlöser der Welt, interpretiert, so liest der Jude sein Tanach durch die »Brille« des Talmud. Die Tragweite des biblischen Arbeitsverbots am Sabbat, dem wöchentlichen Ruhetag, beispielsweise wird für den Juden nur ersichtlich, wenn die präzisen Angaben der mündlichen, im Jerusalemischen und Babylonischen Talmud verankerten Überlieferung berücksichtigt werden. Es ist daher unumgänglich, daß der Christ den Talmud befragt, genauso wie sich der Jude mit dem Neuen Testament befassen muß. Wenn Ignoranten miteinander diskutieren wollen, kommt kaum etwas Sinnvolles heraus.

Jesu Heilige Schrift, die er am Sabbat in den Synagogen zitiert und erklärt, ist die hebräische Bibel und nur die hebräische Bi-

bel. Das Neue Testament legt von seinem Wirken Zeugnis ab und ist erst geraume Zeit nach seinem Tod geschrieben worden. Die Schriftdeutung Jesu unterscheidet sich kaum von jener der übrigen Interpreten aus jener Epoche. Gelegentlich äußert er einen neuen Gedanken, doch sind seine Postulate nicht radikal anders. Mancher christliche Theologe wird sich von schablonenhaftem Denken lösen müssen. Jesus will keine neue Religion stiften, sondern seine eigene, das Judentum, zur vollen Entfaltung bringen. Das Christentum ist aus jüdischer Sicht nicht durch Jesus, sondern durch Paulus begründet worden. Wer sich mit der Entstehungsgeschichte des Christentums intensiv befaßt, kann darum nicht überrascht sein, wenn sich viele Aussagen des Neuen Testaments mit analogen Texten aus dem talmudischen Schrifttum berühren. Die beiden christlichen Theologen Hermann Strack und Paul Billerbeck haben denn auch einen fünfbändigen »Kommentar zum Neuen Testament aus Talmud und Midrasch« (München 1922–1956), also aus der jüdischen Bibelexegese, zusammenstellen können. Wenngleich der Kommentar die geistesgeschichtliche Entwicklung überhaupt nicht darstellt und in vielen Punkten lückenhaft ist, so zeigt doch die Fülle des Materials, wie sehr die altjüdischen Quellen das Verständnis des Neuen Testaments eigentlich erst ermöglichen.
Einige Beispiele von Parallelen aus dem Neuen Testament und dem Talmud.
Zum *Gottesbegriff:* Jesus verehrt Gott als »Vater im Himmel« und redet ihn mit dem aramäischen Abba an. Aramäisch ist die Umgangssprache der damals lebenden Juden, und Jesus tritt nicht aus der Reihe. Ist Gott der Vater, so sieht sich der Sprechende als sein Sohn. Bereits in 2 Mose 4,22 sagt Gott: »Mein erstgeborener Sohn ist Israel.« In 5 Mose 4,10 wird dem jüdischen Volk mitgeteilt: »Söhne seid ihr dem Herrn, eurem Gott.« Der im 2. Jh. d.Z. lebende Rabbi Akiba stellt im Zusammenhang mit der Forderung nach Umkehr und Reue am Jom Kippur, dem Versöhnungstag, die Frage: »Wohl euch, Israel. Wer ist es, vor dem ihr euch reinigt, und wer ist es, der euch reinigt?« Und er antwortet: »Euer Vater im Himmel« (Mischna, Joma, VIII, 9). Das Vater-Sohn-Verhältnis ist daher nicht nur für Jesus, sondern für jeden Juden eine Selbstverständlichkeit. Die persönliche Anrede »Mein Vater« will zum Ausdruck bringen, daß des Menschen Ursprung auf Gott zurückgeht und Gott sein Geschöpf nie zurückstößt, so wenig sich der gute Vater von

seinem Kind abwendet. Wenn die christliche Theologie von Jesus als *dem* Sohne Gottes spricht, d.h. als dem ausgezeichneten, dem einzigen Sohn, dann sprengt sie den ursprünglichen Sinn der Wendung und identifiziert die Sohnschaft Jesu mit der erhöhten Stellung eines transzendenten »Menschensohns«. Bereits in einer Spätschrift der hebräischen Bibel, im Danielbuch (7,13), und dann insbesondere in den Werken der jüdischen Apokalypse wird aus dem Messias aus Fleisch und Blut ein übernatürliches Wesen.

Die *Menschenliebe,* die Jesus – neben der Liebe zu Gott – in das Zentrum des jüdischen Glaubens stellt (Mt 22,37–40), ist auch nach Ansicht des vor ihm lebenden Hillel das wesentliche Gebot der Bibel. Hillel sagt: »Was dir nicht lieb ist, tue dem Nächsten nicht an. Das ist das ganze Gesetz, das Übrige ist nur Ausführung« (b. Schabbat, 31 a).

Die *Wohltätigkeit* soll nach Jesus (Mt 6,3) so ausgeübt werden: »Wenn du aber Almosen gibst, soll deine linke Hand nicht wissen, was deine rechte tut, damit dein Almosen im Verborgenen sei. Und dein Vater, der ins Verborgene sieht, wird es dir vergelten.« Entsprechend lehrt der Talmud: »Wer Almosen im Verborgenen gibt, ist größer als Moses, unser Lehrer.« Daher ist es besonders wichtig, daß »der Gebende nicht weiß, wem er gibt, und der Nehmende nicht weiß, von wem er die Gabe erhält« (b. Bawa Batra, 10 b). Der Talmud will die Überheblichkeit des einen und das Beschämtsein des anderen gleicherweise verhindern.

Bisweilen geht Jesus über das Gesetz hinaus. Die hebräische Bibel verbietet den falschen *Schwur*: »Du sollst den Namen des Herrn, deines Gottes, nicht zum Falschen aussprechen«, heißt es in den Zehn Geboten (2 Mose 20,7; 5 Mose 5,11). Der Talmud fordert »ein gerechtes Ja und ein gerechtes Nein«. Jesus hingegen erklärt (Mt 5,33 f.): »Ihr habt gehört, daß zu den Alten gesagt ist: ›Du sollst keinen falschen Eid tun‹ . . . Ich aber sage euch, daß ihr überhaupt nicht schwören sollt . . .« »Nicht schwören *sollt*« und nicht: »nicht schwören *dürft*«. Jesus will kein Gesetz erlassen und den Schwur generell verbieten. Es liegt ihm lediglich daran – offensichtlich aufgrund alltäglicher Erfahrung – vom Schwören abzuraten, weil nur zu leicht ein falsches Wort über die Lippen kommt. Es hat Talmudmeister gegeben, die lieber eine Forderung bezahlten, statt sich durch den ihnen vom Gericht zugebilligten Eid von der Bezahlung zu befreien. Auch wenn sie genau wußten, daß sie im Recht waren.

Jesus geht über das Gesetz hinaus. Er wünscht das, was der Talmud *»lifnim mischurat haddin«* nennt, ein Verhalten, das die gesetzliche Norm verläßt und mehr tut, als der Paragraph fordert. So soll nach biblischer Satzung ein umherirrendes Tier seinem Besitzer zurückgegeben werden (5 Mose 22,3). Der Talmud (b. Bawa M'zia, 31 a) ist der Ansicht, daß die Rückgabe auch das zuvor möglicherweise notwendig werdende Einfangen des Tieres einschließe. Ein Greis oder eine hochgestellte Persönlichkeit wird davon freilich ausgenommen. Wenn nun der alte Mann oder der Würdenträger die Erleichterung nicht wahrnehmen will und dem verirrten Tier nacheilt, so geschieht es *»lifnim mischurat haddin«*. Die Liebe zum Tier und zugleich zu Gott als dessen Schöpfer überschreitet die rechtliche Verpflichtung.
Jesu Dialektik – »zu den Alten ist gesagt ... Ich aber sage euch« – stellt demnach keinen Bruch mit der traditionell-jüdischen Auffassung und ihrem genuinen Bibelverständnis dar. Jesus lehrt nichts, was nicht auch ein anderer Rabbi seiner Zeit und selbst späterer Jahrhunderte hätte lehren können. Die Vergleiche zeigen, daß die Kenntnis einer talmudischen Maxime zum besseren Verständnis einer neutestamentlichen Stelle führt. Jesus erscheint als der wahrhaft Fromme, der die nur gespielte Frömmigkeit ablehnt. Und er steht in seinem Bemühen um Echtheit und Ehrlichkeit wahrlich nicht allein auf weiter Flur. Das beweisen die talmudischen Quellen mit aller wünschbaren Deutlichkeit. Jesus war nicht der erste und nicht der letzte jüdische Meister, der bis zum Geist des Judentums vorgedrungen ist und diesen Geist in jeder Lebenslage zu verwirklichen gesucht hat.
Für die christliche Unterweisung in Predigt und Religionsunterricht ergeben sich praktische Konsequenzen. Es geht nicht mehr an, wie bisher häufig geschehen, Jesus von seinem Volk zu lösen und sein Denken und Wollen in einen Gegensatz zur Lehre Israels zu stellen. Ethik und Brauchtum des Judentums sind auf positive Weise einzubeziehen. In einem Aufsatz »Das Judentum im Evangelischen Religionsunterricht« schreibt Professor Heinz Kremers: »Bereits im 1. Schuljahr sollten die Grundschüler Jesus als Juden kennenlernen« (in: Judentum im christlichen Religionsunterricht, Frankfurt/M. 1972, S. 69). Diese Forderung ist sehr wesentlich, denn sie verhindert bereits beim Kind das Aufkommen eines antisemitisch gefärbten Vorurteils. »Jesus als Jude« und nicht »Jesus im Gegensatz zum Judentum«.
Ein revidiertes Bild von den Juden und dem Judentum zur Zeit

Jesu nimmt auch der jüdisch-christlichen Begegnung den Stachel. Der sich zu Recht oft zurückgesetzt fühlende jüdische Gesprächsteilnehmer wird in die Lage versetzt, seine defensive Haltung aufzugeben. Er argumentiert nicht mehr apologetisch, sondern in möglichster Objektivität, weil er spürt, daß es seinem christlichen Gegenüber nicht um die Verdammung des Judentums geht, sondern um das Eindringen in dessen spezifische Gedankenwelt und zugleich um ein Verständnis der gemeinsamen Wurzel. Christ und Jude werden sich nicht mehr zurufen: »Nein, bei uns ist das ganz anders!« und das heißt eingestandener- oder uneingestandenerweise: »besser«, sondern sie werden sagen: »Ja, das kenne ich, das ist bei uns ganz gleich oder zumindest sehr ähnlich.« Keiner hat es nötig, die Religion des anderen tiefer zu hängen, um die eigene dadurch höher zu stellen. Das Verbindende wird wichtiger als das Trennende. Wenn der eine den Talmud und der andere das Neue Testament liest, lernen Christ und Jude verstehen, daß beide Glaubensweisen im letzten ein und dasselbe Ziel auf verschiedenen Wegen zu erreichen suchen: die bedingungslose Verwirklichung der Nächstenliebe durch die Menschen, die wissen, daß Gott ihr Vater ist und Schöpfer des Himmels und der Erde.

Glossar

Barmizwa	»Sohn des Gebots« (religiöse Volljährigkeit mit dreizehn Jahren)
Batmizwa	»Tochter des Gebots« (religiöse Volljährigkeit mit zwölf Jahren)
Brit Mila	»Bund der Beschneidung« (Beschneidung des Knaben am achten Lebenstag)
Chuppa	Baldachin bei der Hochzeit
Gaon	Rabbinischer Ehrentitel in Babylonien (»Exzellenz«)
Gemara	»Vollendung«, Diskussionsprotokolle zur Mischna
Genisa	Aufbewahrungsraum für nicht mehr gebrauchte religiöse Bücher
Halacha	Religionsgesetzliche Entscheidung
Jeschiwa	Talmudschule
Jom Kippur	Versöhnungstag
Kascher	»tauglich«, zum Genuß erlaubt
M'lacha	kreatives Schaffen; am Sabbat verbotene Arbeit
Mikwe	Rituelles Tauchbad
Mischna	»Lehre«, Grundwerk der Mündlichen Tradition
Mischne Tora	»Wiederholung der Tora«, Kodex des Rabbi Mosche ben Maimon (Maimonides, 12. Jh.)
Mizwa	Religiöses Gebot
Pessach	Osterfest, erinnert an den Auszug aus Ägypten
Rabbi	Rabbiner, ordinierter Schriftgelehrter
Raschi	Abkürzung von Rabbi Schlomo ben Jizchak (11. Jh., Frankreich), bedeutendster Talmudkommentator
Rosch Haschana	Neujahrsfest
Schabbat	Wöchentlicher Ruhetag, Sabbat

Schawuot	Pfingsten, »Wochenfest«, erinnert an die Sinai-Offenbarung
Sch'elot utschuwot	»Fragen und Antworten«, Responsen
Schulchan Aruch	»Gedeckter Tisch«, Kodex des Rabbi Joseph Karo (16. Jh., Safed), das verbindliche Gesetzbuch
Sukkot	Laubhüttenfest, erinnert an die Wüstenwanderung Israels nach dem Auszug aus Ägypten
Talmud	»Lehre«, die Sammlung von Mischna und Gemara
T'schuwa	»Umkehr« zu Gott, Reue
Tora	»Weisung, Lehre«, die fünf Bücher Mose
Tossafot	»Ergänzungen«, Fragen und Antworten französischer und deutscher Rabbiner (12. bis 14. Jh.) zum Babylonischen Talmud

Zur weiteren Lektüre

Eli L. Berkovits: Was ist der Talmud. Frankfurt/M. 1962
Emanuel bin Gorion: Geschichten aus dem Talmud. Frankfurt/M. 1966
A. Cohen: Everyman's Talmud. London [3]1961
Hermann Cohen: Religion der Vernunft aus den Quellen des Judentums. Wiesbaden 1978, Nachdruck
Alan Corré: Understanding the Talmud. New York 1975
Louis Finkelstein: The Pharisees. The Sociological Background of Their Faith. 2 Bde. Philadelphia 1966
Jakob Fromer: Der Talmud. Geschichte, Wesen und Zukunft. Berlin 1920
Robert Raphael Geis: Vom unbekannten Judentum. Freiburg/Basel/Wien [2]1977
Lazarus Goldschmidt: Der Babylonische Talmud (Übersetzung in zwölf Bänden). Berlin 1964, Nachdruck
Roland Gradwohl. Die Worte aus dem Feuer. Wie die Gebote das Leben erfüllen. Freiburg/Basel/Wien 1978
R. Travers Herford: Das Pharisäische Judentum. Leipzig 1913
Kurt Hruby: Die Stellung der jüdischen Gesetzeslehrer zur werdenden Kirche. Zürich 1971
Joseph Klausner: Jesus von Nazareth. Seine Zeit, sein Leben und seine Lehre. Berlin 1930
Gösta Lindeskog: Die Jesusfrage im neuzeitlichen Judentum. Ein Beitrag zur Geschichte der Leben-Jesu-Forschung. Darmstadt [2]1973
Johann Maier: Geschichte der jüdischen Religion. Berlin/New York 1972
Johann Maier: Jesus von Nazareth in der talmudischen Überlieferung. Darmstadt 1978
Reinhold Mayer: Der Babylonische Talmud. München 1963
Israel Steinberg: Jüdische Weisheit aus drei Jahrtausenden. München 1968
Adin Steinsalz: The Essential Talmud. New York 1976
Günter Stemberger: Der Talmud. Einführung, Texte, Erläuterungen. München 1982
H. L. Strack/G. Stemberger: Einleitung in Talmud und Midrasch. München [7]1982

Sach- und Namenregister

(R) = Rabbi, Rabbiner

Verzeichnis der Bibelstellen

Verzeichnis der talmudischen Texte

Dr. Roland Gradwohl, geb. 1931 in Basel,
Rabbinerdiplom des Leo-Baeck-College, London (1965),
Religionslehrer der Israelitischen Kultusgemeinde Zürich (1955–1964),
Rabbiner der Jüdischen Gemeinde Bern (1965–1979),
zugleich Lektor für Neuhebräisch und moderne jüdische Geschichte
und Kultur an der Universität Bern (ab 1973).
Einwanderung in Israel (1979), seither Chefkorrespondent des
Israelitischen Wochenblatts für die Schweiz, Zürich.

Sollen Christen den Talmud, neben der hebräischen Bibel
das Grundwerk des Judentums, studieren?
Braucht es sie zu kümmern, was Juden vor rund zweitausend
Jahren gedacht, gefordert und getan haben?
Wer als Christ die geistige Heimat Jesu von Nazaret kennenlernen
und damit einen Wurzelgrund des eigenen Glaubens
besser verstehen will, kann die Gedankenwelt des Talmud
nicht außer acht lassen;
er muß sich mit ihr auseinandersetzen.

Der Autor hat es sich zur Aufgabe gemacht,
auf leichtverständliche Weise in die
vielen Christen oft fremde Welt
des Talmud einzuführen und damit auch einen Beitrag
zum besseren gegenseitigen Verstehen
innerhalb des jüdisch-christlichen Dialogs zu leisten.

Calwer
paper
back